Walden Bello

De-Globalisierung

Walden Bello, geboren 1945, ist Professor für Soziologie und Ökonomie an der Universität der Philippinen und zugleich Direktor der Nichtregierungsorganisation »Focus on the Global South« mit Sitz in Bangkok. 2003 wurde er mit dem alternativen Nobelpreis ausgezeichnet. Zudem ist Bello einer der maßgeblichen Organisatoren des Weltsozialforums. Mit Naomi Klein, Susan George und Noam Chomsky gehört er zu den international renommiertesten Globalisierungskritikern.

Oliver Nachtwey, geboren 1975, ist Doktorand am Graduiertenkolleg »Die Zukunft des europäischen Sozialmodells« der Universität Göttingen, Letzte Veröffentlichung: »Weltmarkt und Imperialismus – Zur Entstehung der klassischen marxistischen Imperialismustheorie«, Frankfurt/Main 2005.

Peter Strotmann, geboren 1945, ist Volkswirt, Berufschullehrer, Autor (»Kritik der Sowjetökonomie«, Wagenbach 1969), Redakteur der elektronischen Attac-Zeitschrift »Sand im Getriebe«.

Walden Bello
De-Globalisierung

Widerstand gegen die neue Weltordnung

Herausgegeben von
Oliver Nachtwey und Peter Strotmann

VSA-Verlag Hamburg

www.vsa-verlag.de

www.focusweb.org

Druck- und Buchbindearbeiten: Idee, Satz und Druck, Hamburg
ISBN 3-89965-091-3

Inhalt

Vorwort

Seit einigen Jahren ist das Wort »Globalisierung« in aller Munde. Hunderte von Büchern wurden dazu geschrieben. Und jetzt erscheint ein Buch mit dem provozierend wirkenden Titel »De-Globalisierung«. Dabei gehen ja schon die Vorstellungen darüber, was unter Globalisierung zu verstehen ist, ziemlich weit auseinander.

Für die einen ist Globalisierung vor allem gekennzeichnet durch die neue Technik, neue Kommunikationsmittel, das Internet und die Handy-Kultur, durch billig gewordene Transportmittel, die weltumspannenden Medien, das Einsickern der Computertechnologie in alle Poren des Produktionssystems.

Für andere ist es die neue oder zumindest verstärkte Rolle der internationalen Finanzmärkte. In den 1970er Jahren erhielten sie mit der einseitigen Kündigung der Goldbindung des Dollars und der Abschaffung der Kapitalverkehrskontrollen eine neue »Freiheit«. Auf der Suche nach den höchsten Profiten peitschen sie seitdem die Produktionssphäre voran und erzwingen eine erhöhte Kapitalrendite. Staaten verlieren scheinbar ihre Handlungsfähigkeit, weil das Kapital mit seinen Exit-Optionen – Produktionsverlagerungen und Steuerflucht – droht. Der regulierte »rheinische Kapitalismus« mit seinen historischen Kompromissen zwischen Kapital und Arbeit passt sich dem US-amerikanischen Modell des »Shareholder value« weiter an.

Für manche ist Globalisierung gleichbedeutend mit sozialer Polarisierung: verschärfte weltweite Konkurrenz auch unter den Lohnabhängigen, hemmungsloser Unterbietungswettbewerb, flächendeckender Einsatz arbeitssparender Automatisierung, Betriebsverlagerungen in immer neue Länder ohne Sozialstandards führen zu steigender Arbeitslosigkeit, zur Krise der Sozialsysteme, zur internationalen Niedriglohnökonomie.

Für wieder andere ist die Globalisierung ein politisches Projekt, eine Strategie (vor allem nach dem Zusammenbruch des Gegenweltmarktes des realsozialistischen Lagers), um die Vorherrschaft transnationaler Konzerne mit bewaffneter Ausdehnung US-amerikanischer Dominanz überall in der Welt zu verbinden. Oder der gemeinsame Versuch der reichen Länder des Nordens, durch die Kombination von Freihandelsdoktrin (WTO,

Weltbank) und militärischen Drohungen den aufstrebenden Ländern des Südens mit der Waffe der Verschuldung das Rückgrat zu brechen.

Für einige ist das alles nichts wirklich Neues, sondern die Rückkehr des wilden, ungezügelten Manchester-Raubtier-Kapitalismus mit seiner schrankenlosen Konkurrenz, der schon vor 250 Jahren gezeigt hatte, was er kann: die Produktivkräfte entwickeln, aber das in einer überaus antagonistischen Form.

Gegen die Zumutungen des globalisierten Kapitalismus ist eine neue weltweite, globalisierte Bewegung entstanden. Schon über ihren Namen wird allerdings gestritten. Ist es eine globalisierungskritische Bewegung oder ist es eine Antiglobalisierungsbewegung? Was verstehen die intellektuellen Stichwortgeber dieser Bewegung – wie der philippinische Aktivist Walden Bello – unter Globalisierung und De-Globalisierung, einem Begriff, der die soziale Autorität des »Sachzwangs Globalisierung« herausfordert?

Wissenschaftlicher Aktivist und moderner Volkstribun

Walden Bello (geboren 1945 in Manila) ist eine der bemerkenswertesten Figuren der globalisierungskritischen Bewegung. Er gehört neben AutorInnen und AktivistInnen wie Susan George, Naomi Klein, Noam Chomsky, Samir Amin, Michel Chossudovsky und Vandana Shiva zu ihren profiliertesten Intellektuellen. Ihre Analysen strukturieren und stimulieren die vielfältigen globalen Bewegungen, die sich dagegen stemmen, das soziale Leben der Menschen dem anonymen Markt und den multinationalen Konzernen zu überlassen. Aber Bello ist wie die meisten VordenkerInnen der globalisierungskritischen Bewegung kein reiner Intellektueller, sondern – wie Gramsci es genannt hat – ein organischer Intellektueller. Jemand, der die Verbindung von Theorie und Praxis verkörpert, sich mit den Benachteiligten und Ausgebeuteten solidarisiert, jemand, der nicht nur eingreifendes Denken fabriziert, sondern sein Denken in öffentliches Handeln umsetzt, kurz: ein wissenschaftlicher Aktivist und moderner Volkstribun.

Für einen klassischen Intellektuellen ist dem Professor für Soziologie an der Universität der Philippinen die universitäre Diktion und Höflichkeit etwas zu fremd; sie ist für ihn eher ein Instrument, um sich in akademischen Kreisen Gehör zu verschaffen. Vom Habitus ist er ein Agitator im Anzug, der die provokative Zuspitzung liebt, der populistisch im populären Sinne des Wortes sein kann und die herrschenden Eliten gerne herausfordert.

So wie in Prag im Jahr 2000, als der Präsident der Weltbank, James Wolfensohn, und der damalige IWF-Präsident, Horst Köhler, sich in einer weltweit übertragenen Debatte Bello und anderen Globalisierungskritikern stellten. Dass Wolfensohn das Suharto-Regime in Indonesien unterstützt habe, das werde ihm, so Bello, »die Welt nie vergessen«. Auf dem vorangegangenen Gegengipfel hatte Bello schon klargestellt, in welcher Rolle er sich sieht: »Ich bin nicht hergekommen, um akademische Diskussionen zu führen. Ich bin hier als einer von euch, um die Weltbank und den IWF zu schließen.« Das war zu der Zeit, als die Davos-Elite eine Charme-Gegenoffensive gestartet hatte, die ihr Image verbessern, Teile der kritischen Zivilgesellschaft für sie einnehmen und diese letzten Endes vor allem spalten sollte. Eine per Videokonferenz hergestellte Kontroverse zwischen Vertretern des Weltwirtschaftsforums in Davos und Vertretern des Weltsozialforums in Porto Alegre geriet für die Davos-Elite um den ungarisch-amerikanischen Multi-Milliardär George Soros zum Desaster. Die Globalisierungskritiker kamen keinen Millimeter auf sie zu und nutzen die Schaltung als Bühne zur Delegitimierung des »charmanten« Neoliberalismus. Bello forderte in dieser Debatte die Beerdigung des »Dinosauriers« Weltwirtschaftsforum und griff die UNO scharf dafür an, dass sie mit dem Forum paktiere.

Freihandel und Krieg

Seine Aktivitäten sind facettenreich und auf zahlreichen Ebenen angesiedelt. Er leitet eine der einflussreichsten Nicht-Regierungs-Organisationen (NGO) der Bewegung, die in Bangkok angesiedelte »Focus on the Global South«, hat zahlreiche Bücher verfasst, ist ein zentraler Akteur der weltweiten Sozialforen und koordiniert gemeinsam mit anderen die globalen Aktivitäten gegen die Welthandelsorganisation WTO. In den letzten Jahren ist durch den Irak-Krieg die Außenpolitik der USA – genauer der Widerstand gegen sie – wieder mehr in der Vordergrund seiner Aktivitäten gerückt. Zuletzt war Walden Bello an der Koordinierung der Konferenz von Beirut beteiligt, die sich zum Ziel gesetzt hat, die Anti-Kriegsbewegungen zu vernetzen und den Widerstand im Irak und gegen die Besatzungspolitik Israels zu unterstützen.

Man sieht Walden Bello nicht nur auf Podien und Diskussionsforen. Man sieht ihn auch auf den großen Demonstrationen von Genua bis London, von Mumbai bis Porto Alegre, wie er mit dem Megafon die von weither angereisten Teilnehmer der Bewegung »Die Welt ist keine Ware« für den gemeinsamen Kampf begeistert. Im Januar 2005 gehörte er mit zu den Unterzeichnern des »Manifests von Porto Alegre«, in dem 19 herausragende Persönlichkeiten der Antiglobalisierungsbewegung einige Minimalforderungen zusammenfassen.[1]

Lernprozesse

Walden Bello begann seine, wie er es bezeichnet, »prä-politische« Sozialisation, als er – auf einer Jesuiten-Schule erzogen – gegen das konservativ-katholische Establishment rebellierte und sich später gegen die systematische Diskriminierung der muslimischen Minderheit auf den Philippinen wandte. Seine Politisierung fand aber erst während seines Studiums an der University of Princeton in den USA statt, als er sich der Bewegung gegen den US-amerikanischen Krieg in Vietnam anschloss. Kurze Zeit später reiste er nach Chile, weil er den Versuch Salvador Allendes begleiten wollte, einen parlamentarischen Weg zum Sozialismus zu gehen.

Aber schon nach kurzer Zeit musste Bello feststellen, dass sich die Kräfteverhältnisse in Chile zu Ungunsten der Regierung Allendes verschoben hatten. Er analysierte, wie der rechte Flügel der chilenischen Elite zu einer konterrevolutionären Kraft wurde. Im Ergebnis wurde seine Dissertation zu einer komparativen Studie des Faschismus, in der er den Aufschwung der Konterrevolution in Chile mit dem Aufstieg des Faschismus in Italien und der Nazis in Deutschland verglich.

Während Bello sich noch in Chile aufhielt – und dies ist die dritte zentrale Erfahrung seiner politischen Sozialisation –, begann die Diktatur von Marcos auf den Philippinen. Bello konnte nicht in seine Heimat zurückkehren und organisierte daraufhin die Exil-Opposition, arbeitete eng mit der neuen philippinischen kommunistischen Partei zusammen und

---

[1] Manifest von Porto Alegre 2005, »Sand im Getriebe 41«, www.attac.de/rundbriefe.

koordinierte Lobbygruppen, um die Unterstützung der USA für das Marcos-Regime zu beenden. Er erforschte in den Folgejahren, wie dieses diktatorische Regime internationale Unterstützung erhielt. Dabei griff er auch zu unorthodoxen Mitteln, wenn auf normalen Wegen die notwendigen Informationen nicht zu beschaffen waren. Für das Buch »Development Debacle« brach er mit Freunden in die Weltbank ein und stahl etwa 3.000 Dokumente. Das Ergebnis brachte eine weitere Veränderung seiner politischen Perspektive. Es waren nicht nur die USA, die Marcos aktiv zur Seite standen, sondern auch multilaterale Organisationen wie der IWF und die Weltbank. Dies führte dazu, dass er seinen Untersuchungsschwerpunkt zunehmend auf die Rolle der mulilateralen Organisationen und globalen Konzerne zur Durchsetzung eines neoliberalen Entwicklungsmodells auch in anderen Ländern konzentrierte. Da dieses Modell auch für die Umwelt so zerstörerische Auswirkungen hatte, wurde Bello nicht nur zu dem, was man heute einen Globalisierungskritiker nennt, sondern auch zu einem Umweltschützer. Ausgehend vom Kampf gegen die Diktatur auf den Philippinen hatten sich Bellos Prämissen gewandelt: »Die Untersuchung des Weltbank-Entwicklungsmodells und anderer Herrschaftsmuster hat mich zunehmend erkennen lassen, dass diese nicht einfach auf der nationalen Ebene verändert werden können. Nationale Bewegungen, so wichtig sie sind, müssen sich mit regionalen und globalen Bewegungen verbinden. Das traditionelle Paradigma der internationalen Solidarität ist für die heutige Situation nicht mehr angemessen.«[2]

Standpunkt des globalen Südens

Die politischen Erfahrungen der vergangenen Jahrzehnte fließen in abgewandelter Form auch in seine gegenwärtige Arbeit ein. Die politische Analyse wird vor allem unter strategischen Überlegungen vorgenommen. Die Widersprüche der Welt werden, und das unterscheidet ihn von vielen anderen Analytikern der Globalisierung, vom Standpunkt des globalen Südens wahrgenommen – Süden verstanden als politisch-geographischer Begriff, als das, was man früher als »Dritte Welt« bezeichnete. Sein Zeit-

[2] Walden Bello, Pacific Panopticon, Interview in »New Left Review« 16, Juli/August 2002.

horizont umfasst die gesamte 500jährige Geschichte von Kolonialismus, Kapitalismus und Imperialismus.

Im Mittelpunkt steht dabei das Ausmessen der Kräfteverhältnisse zwischen den konservativen und fortschrittlichen Kräften sowohl auf globaler als auch lokaler Ebene. Walden Bello ist ein strategisch-analytischer Optimist, denn er geht davon aus, dass sich die »Verdammten dieser Erde« (Frantz Fanon) auf Dauer die Zumutungen der kapitalistischen Globalisierung und die Dominanz der imperialen Mächte nicht bieten lassen werden.

Die aktuellen Maßnahmen zur Durchsetzung einer globalen neoliberalen Ordnung, die Krisen der Weltwirtschaft und ihrer Institutionen sowie die bewaffnete Globalisierung rufen einen permanenten Widerstand in den Zivilgesellschaften hervor, der die Handlungsmöglichkeiten der transnationalen Eliten begrenzt. In einer Begrifflichkeit, die sich an Gramsci, Weber und Habermas anlehnt, konstatiert Walden Bello eine auf mehreren Ebenen angesiedelte Legitimitätskrise des globalen Kapitalismus. Der wachsende Mangel an Zustimmung zur neoliberalen Agenda erzeuge die Risse in der Hegemonie, an denen die fortschrittliche globale Zivilgesellschaft strategische Siege erlangen kann.

So ist nach seiner Einschätzung die WTO zwar das Kronjuwel einer neoliberalen Weltordnung. Gleichzeitig ist sie jedoch durch den Mangel an Legitimität in den Bevölkerungen, wegen der divergierenden Interessen zwischen den transatlantischen Hegemonialmächten USA und EU einerseits und dem globalen Süden andererseits und aufgrund der Konflikte zwischen den USA und der EU selbst ein fragiles Gebilde. Durch geschicktes Ausnutzen dieser Konflikte ist es der globalen Zivilgesellschaft bereits zweimal gelungen, in Seattle und Cancún, den WTO-Prozess von den Gleisen zu stoßen.

Irak – des Vietnam des 21. Jahrhunderts

Mit dem Irak-Krieg hat für Walden Bello eine neue, eine imperialistische Phase begonnen, die auch für die globalisierungskritische Bewegung von entscheidender Bedeutung ist. Der Krieg im Irak und die imperiale Politik der USA überlagern für ihn alle anderen Fragen der Weltpolitik. Der Krieg ist die zugespitzte, barbarisch ausgeformte Logik der Globalisierung, aber gleichzeitig auch ihr neuralgischer Punkt, an dem sich nicht nur die Zukunft des American Empire, sondern auch die der neoliberalen Globalisierung entscheiden wird. Globale Gerechtigkeit wird es seiner Meinung nach nur geben, wenn die USA im Irak eine Niederlage erfahren. Sie sind nach seiner Auffassung der zentrale Akteur dieser imperialen Phase.

Er kritisiert folgerichtig eine Tendenz innerhalb der noch jungen Bewegung, die »Verbindung der ökonomischen Logik der multinationalen Konzerne und der WTO von der multilateralen militärischen Herrschaft der USA abzulösen«, und konstatiert eine ökonomistisch verkürzte Globalisierungskritik, die sich zwar gegen den Freihandel und ihre Institutionen wende, sich aber der Analyse der politischen Ebene und der geopolitischen Widersprüche verweigere. Das äußere sich z.B. im ambivalenten Verhältnis von Teilen der globalisierungskritischen Bewegung zu nationalen Befreiungsbewegungen, speziell in einer schwachen Solidarität mit dem Kampf gegen die Besatzung von Palästina und Irak sowie in einer strikt ablehnenden Haltung gegenüber allen islamisch beeinflussten Bewegungen. Für die globalisierungskritische Bewegung gilt, so Bello, dass der Krieg im Irak den gleichen Stellenwert einnehmen müsse wie der Vietnam-Krieg für die 1968er-Bewegung und der spanische Bürgerkrieg für die Arbeiterbewegung der 1930er Jahre.

Er ist nicht gerade sparsam, wenn es darum geht, historische Analogien heranzuziehen – und liegt damit gelegentlich auch ein wenig schief. Aber gerade dieses Element, sein Pathos, Wille und Optimismus und sein Glaube daran, für eine gerechte und richtige Sache einzustehen, macht ihn authentisch und zu einer willkommenen Gegenfigur zu den sterilen post-modernen Intellektuellen, die keine Wahrheit mehr kennen.

Strategische Partner und ihre Gefahren

Die wesentliche Stärke von Bello, das strategische Denken und die Analyse des internationalen Kräftegleichgewichts, hat in der Vergangenheit auch eine schwache Flanke offenbart. Bello denkt implizit in »historischen Blöcken«, die eine Gegenhegemonie artikulieren können – und verkennt zwischenzeitlich die Grenzen dieses Ansatzes, indem er prinzipielle Fragestellungen der Koalitionsbildung ausblendet. So hat er beispielsweise während der Clinton-Regierung mit der Weltbank- und IWF-Feindlichkeit einiger Republikaner sympathisiert und in ihnen für kurze Zeit einen »strategischen Partner« zur Abschaffung der Weltbank und des IWF gesehen. Zwar würden sich die Republikaner aus ganz anderen, nicht-progressiven Motiven gegen Weltbank und IWF stellen, aber man könne sich mit ihnen hinter eine Agenda zur Abschaffung der Bretton-Woods-Institutionen stellen.[3]

Zweifellos würde Bello diese Einschätzung heute nicht mehr so wiederholen, aber erst kürzlich verfiel er der gleichen Logik, in den Feinden des Gegners ohne weitere prinzipielle Überlegungen einen Verbündeten zu sehen und beging den gleichen Fehler mit umgekehrten Vorzeichen. So hatte er – wie viele in der globalisierungskritischen Bewegung – große Hoffnungen auf den neuen brasilianischen Präsidenten gesetzt. Der Wahlsieg Lulas in Brasilien und die weitreichende politische Linksverschiebung auf dem südamerikanischen Kontinent ist in der Tat ein wichtiger Faktor im Kampf gegen die neoliberale Vorherrschaft. Allerdings sind Lulas soziale Reformen bisher – vorsichtig ausgedrückt – sehr begrenzt. Er hat die Bedienung des gigantischen Schuldenberges seines Landes nicht aufgekündigt. Brasilien liefert nach wie vor einen großen Teil des im Lande erarbeiteten Sozialprodukts – in Form der Zinszahlungen – den internationalen Finanzmärkten aus. Auf dem Weltsozialforum in Porto Alegre 2005 musste Walden Bello dann enttäuscht feststellen, dass Luis Ignacio da Silva Lula der »Liebling Washingtons« ist.

Die Oxfam-Kontroverse

Eine solche Enttäuschung wiegt um so schwerer, als Walden Bello sich mit seiner De-Globalisierungs-Vision ja gerade mit den »milden« Globalisierungskritikern wie den globalen Keynesianern um Josef Stiglitz aus-

[3] »All this makes for interesting politics in the next few years. The motivation of the incoming Republicans in criticizing the IMF and World Bank lies in their belief in free-market solutions to development and growth. This may not coincide with that of progressives, who see the IMF and World Bank as a tool of US hegemony. But the two sides can unite behind one agenda at this point: the radical downsizing, if not dismantling, of the Bretton Woods twins.« (siehe http://www.corpwatch.org/article.php?id=422) Neben dem Eintritt der Republikaner für einen ungehinderten Freihandel, als dessen Hindernis sie paradoxerweis den IWF und die Weltbank sehen, spielt die umfassende unilaterale Ausrichtung der Neo-Konservativen eine wichtige Rolle, da sie in sämtlichen multilateralen Institutionen, von UNO bis IWF, eine Beschränkung der amerikanischen Handlungspielräume sehen.

einandersetzt. Nach deren Vorstellungen reichen ein paar Reformen von WTO, IWF und Weltbank (z.B. bessere Transparenz, mehr Entwicklungshilfe, Streichung der Schulden, Tobin-Steuer), um die Verwerfungen des Weltwirtschaftssystems zu korrigieren.

Die Position von Walden Bello hingegen zielt auf einen fundamentalen Umbau der Strukturen der Weltwirtschaft. Seine Position kommt sehr deutlich zum Ausdruck in der in diesem Band abgedruckten Auseinandersetzung mit der Oxfam-Kampagne zum freien Marktzugang für die Produkte der armen Länder.[4]

Oxfam, die NGO mit Hauptsitz in Großbritannien, die sich seit Jahrzehnten um die Verbesserung der Lage der Armen in den Ländern des »Südens« kümmert, propagiert in dieser Kampagne erstaunlicherweise den freien Handel als Königsweg, als Medizin für die Überwindung von Armut und Rückständigkeit. In dem Bestreben, die radikale Kritik an den unhaltbaren Zuständen der Weltwirtschaft mit den Wirkungsmechanismen der globalen Marktwirtschaft zu versöhnen, argumentiert Oxfam für die Überwindung von Handelsrestriktionen, die Abschaffung des Protektionismus des Nordens und die Öffnung der nördlichen Märkte für die Produkte des Südens. Dahinter steht eine marktoptimistische Antwort auf die Frage: Was ist Globalisierung? Mit veränderten Regeln des Handels lasse sich die Globalisierung so gestalten, dass die armen Länder und die Armen aller Länder Vorteile aus ihr ziehen können. Dahinter steht die Philosophie, dass das Wirken der Märkte ganz unterschiedlich gestaltet werden kann – entweder zu Gunsten der Reichen und Privilegierten, oder zu Gunsten der arm Gehaltenen. Der indische Nobelpreisträger für Ökonomie Amartya Sen, Ehrenvorsitzender von Oxfam, fasst diesen Marktoptimismus in folgende Worte: »Was wir brauchen, ist die Schaffung von Bedingungen für ein volles und faires Teilen der enormen Vorteile, die aus dem Handel entspringen. Kann das erreicht werden, ohne die globale Marktwirtschaft zu zerstören? Die Antwort ist ein ganz klares Ja.« Die Marktwirtschaft wirke segensreich und sei kompatibel mit ganz unterschiedlichen Mustern von Ressourcenverteilung, Funktionsregeln (z.B. Patent- und Kartellgesetzen) und Zugangsbedingungen (Erziehungs- und Gesundheitssystemen). Die Veränderung der Institutionen und eine Reform der Politik kann nach dieser Auffassung radikal

[4] Die intellektuelle Unabhängigkeit von Bello zeigt sich u.a. auch darin, dass Oxfam einer der Hauptgeldgeber von Focus on the Global South ist.

Ungleichheit, Armut und Verelendung beseitigen, ohne den Status quo der globalen ökonomischen Strukturen zu erschüttern. »Das überragende Ziel ist es, die großen Vorteile des Handels, auf die die vielen Verteidiger der Globalisierung hinweisen, mit dem dringenden Bedürfnis nach Fairness und Gerechtigkeit zu kombinieren, die den Großteil des Anti-Globalisierungs-Protestes motiviert.«[5]

Besserer Marktzugang für die Produkte der Länder der »Dritten« Welt ist folglich der Schlachtruf von Oxfam, verbunden mit der Forderung nach Reform (statt Abschaffung) von WTO, IMF und Weltbank. Nicht eine neue Weltwirtschaftsordnung sei die Lösung, sondern eine reformierte Welthandelsordnung führe zur Beseitigung von Armut und Ungleichheit.

Ein so ungefilterter Marktoptimismus ist für weite Teile der globalisierungskritischen Bewegung starker Tobak. Die Bewegung von Seattle und Porto Alegre ist ja gerade unter der Parole angetreten: »Die Welt ist keine Ware.« Sie knüpft damit an die Kritik der Warenproduktion an, die Karl Marx im ersten Kapitel von »Das Kapital« entwickelt hat. Der »neoliberale Virus«[6] scheint auch Oxfam erwischt zu haben. Denn ist es nicht gerade der chaotisch ablaufende Marktmechanismus, der sich immer zu Gunsten der Stärkeren auswirkt und die Polarisierung von Armut und Reichtum weltweit verursacht? Ist es nicht die neoliberale Position par excellence, die die allumfassende Privatisierung und »Kommodifizierung« verlangt, die alles zur Ware machen will inklusive der menschlichen Beziehungen? Wie kann man den Neoliberalismus bekämpfen, wenn man seinen Kernsatz, »der Markt wird's schon richten«, unkritisch übernimmt?

Walden Bello jedenfalls »is not amused«. Er stimmt zwar mit vielen Beobachtungen im Oxfam-Bericht überein, stellt aber fest, dass dieser Bericht den »falschen Schwerpunkt setzt und eine falsche Richtung für die Bewegung gegen die konzerngesteuerte Globalisierung« bestimmt.

---

[5] Beide Zitate stammen aus dem Vorwort zum Oxfam-Bericht »Rigged Rules and Double Standard«, der 2002 anlässlich der Marktzugangs-Kampagne erstellt wurde und eine ausführliche Beschreibung der strukturellen Verwerfungen der Weltwirtschaft enthält. Der Gesamtbericht (267 Seiten) ist unter http://www.maketradefair.com/assets/english/Report_English.pdf, die Zusammenfassung in deutscher Sprache unter www.oxfam.de/downloads/Handelsstudie.pdf herunterzuladen.

[6] Siehe hierzu Samir Amin, The Liberal Virus: Permanent War and the Americanization of the World, New York: Monthly Review Press 2004.

Natürlich sind die protektionistischen Ausgrenzungen der industrialisierten Länder (Agrarexportsubventionen, Überschussdumping, diskriminierende Zölle etc.) skandalös. Aber: »Das Hauptproblem ist das Paradigma des Freihandels, das die WTO rastlos dem globalen Handelssystem aufzwingt« (Bello). Es führt zur Propagierung des exportorientierten Wachstums, und das zu einem Zeitpunkt, wo die hoch verschuldeten Entwicklungsländer sich mit ihren homogenen Produkten (z.B. Kaffee, Bananen, Baumwolle, aber auch Produkte der Leichtindustrie wie Textilien, Computer, Spielzeug etc.) gegenseitig Konkurrenz machen und so zu einer Überschwemmung der Märkte, zum Unterbietungswettbewerb, zu ruinöser Konkurrenz und zum Preisverfall für ihre Produkte beitragen. Es ist die Exportfalle, die die dominierenden Länder in der WTO ausgelegt haben. Die reichen Länder des globalen Nordens profitieren vom Preisverfall für Rohstoffe und arbeitsintensive Massenprodukte. Die armen Länder des globalen Südens arbeiten wie in einem Hamsterrad; sie exportieren und kommen doch auf keinen grünen Zweig. Sie verschulden sich notwendigerweise auch dann wieder, wenn die Schulden einmal gestrichen werden sollten.

Die reichen Länder mit ihren gesättigten Märkten und überquellenden Kapitalmärkten suchen die Profitraten ihrer Konzerne, Banken und Pensionsfonds zu steigern, indem sie neue Märkte, billige Arbeitskräfte und billige Rohstoffe jenseits ihrer Grenzen »erschließen«. Besonders scharf sind sie auf die Öffnung sämtlicher Dienstleistungsbereiche (Banken, Versicherungen, Medien etc). Noch wichtiger ist ihnen der Kapitalexport, der ungehinderte Zugriff auf die Eigentumsverhältnisse in den Ländern des globalen Südens. »Die so genannten neuen Themen – oder das Bestreben der WTO, Investitionen, Wettbewerbspolitik, Regierungsaufträge und Handelserleichterungen zu liberalisieren und damit zu beherrschen – das ist die Speerspitze der aktuellen WTO-Bestrebungen, freien Handel über alles zu setzen, und der Widerstand dagegen sollte das Hauptbestreben der internationalen Zivilgesellschaft sein.« (Bello)

Unterschiedlicher können die Standpunkte nicht sein: der Markt als Erzeuger von globaler Ungleichheit und chaotischer Unsicherheit sowie ökologischer Verwahrlosung. Oder der Markt – so er reguliert und beobachtet wird – als Wohlstandsgenerator, als segensreich-wohltätiges Organisationsprinzip, das für beliebige Zwecke benutzt werden kann, wenn man nur die Regeln etwas anders gestaltet, etwa die Patentgesetze abmildert oder die Kartellaufsicht stärkt.

Der Mikro-Makro-Irrtum oder der Trugschluss der Verallgemeinerung

Hinter dieser Kontroverse Bello/Oxfam verbirgt sich mehr als nur eine unterschiedliche taktische Einschätzung im Verhältnis zur WTO. Vielmehr drückt sie eine völlig andere Herangehensweise an die immensen Strukturprobleme der Weltwirtschaft aus. Bisher wurde ja den Rohstoff exportierenden Ländern geraten, ihre Wirtschaft zu diversifizieren, und den armen, aber bevölkerungsreichsten Ländern wurde geraten, ihren großen Arbeitskräfteüberschuss als komparativen Vorteil gegenüber den Industriestaaten anzusehen und zu nutzen, arbeitsintensive Produktionsstätten aufzubauen und für den Export zu produzieren. Das sei ein Ausweg aus der unerträglichen Flüchtigkeit und Unberechenbarkeit (Volatilität) der Rohstoffpreise und aus ihrem säkularen Verfall. Mit bedeutenden Steuerprivilegien und Subventionen sollten Weltkonzerne angelockt werden.

Die UNCTAD hat in ihrem Bericht 2002 diese Position auch aufgrund der Erfahrungen der letzten drei Jahrzehnte noch einmal gründlich widerlegt. Wenn ein Entwicklungsland diesem Pfad folgt, mag das erfolgreich sein. Wenn aber alle Entwicklungsländer unter dem Druck von Armut und Verschuldung diesen Weg beschreiten und sich gegenseitig Konkurrenz machen, dann muss das zur Überproduktion, zu ruinöser Konkurrenz und zum Preisverfall für die Produkte der neu entstandenen Industriezweige führen. »Das ist der bekannte Trugschluss der Verallgemeinerung oder das Additionsproblem. Für sich alleine kann ein kleines Entwicklungsland seine Exporte erheblich ausweiten, ohne die Märkte zu überfluten und ohne Sorge vor fallenden Preisen für seine Produkte, aber es ist nicht richtig für alle Entwicklungsländer zusammen, oder auch nur für große Entwicklungsländer wie China oder Indien. Ein starker Anstieg der Exporte von arbeitsintensiven Produkten bedeutete ein potenzielles Risiko eines Verfalls der ›Terms of Trade‹ bis zu einem solchen Ausmaß, dass die Vorteile eines erhöhten Exportvolumens mehr als ausgeglichen werden durch die Verluste durch gefallene Exportpreise. Was wir dann haben, ist ›verelendendes Wachstum‹« (UNCTAD-Bericht 2002).

Von verelendendem Wachstum kann auch deswegen gesprochen werden, weil die Erfahrung vieler Länder, die diesen Weg gegangen sind (z.B. Mexiko), zeigt, dass der Anteil an Halbfertigwaren, die importiert werden, steigt und das Land förmlich in die Zange genommen wird. Alles zielt auf den Export ab, die benötigten Rohstoffe und technisch höherwertigen Teile werden jedoch importiert, die Exportpreise aber verfallen, die interne Wertschöpfung ist minimal. Wenn es irgendwo anders auf der Welt noch billigere und willigere Arbeitskräfte gibt, zieht die Karawane des Kapitals weiter. Die Exportfalle ist zugeschnappt. Statt ausbalanciertem Wachstum auf breiter Front sehen wir Hungerlöhne für ungeschützte Arbeit, Verfall des Binnenmarktes, Ausplünderung der natürlichen Umwelt und der lokalen Ressourcen.

Diese kapitalistisch-chaotische Globalisierung im Dickicht der wild um sich schlagenden Marktprozesse schlägt schließlich auf den globalen Norden zurück. Die Freude über günstige Preise bei Aldi und Lidl bleibt im Halse stecken, wenn der Norden deindustrialisiert wird, wenn massiv Arbeitsplätze verlagert, die Arbeitszeit verlängert und die Löhne gesenkt werden. Das System als Ganzes hat selbstzerstörerische Tendenzen: Überproduktion, mangelnde Nachfrage, zyklische Deflation – eine gefährliche Spirale. Was Marx am Manchesterkapitalismus in England beobachtet hat, wirkt jetzt aufgrund der globalisierten Konkurrenz gnadenlos und überall. Die wachsende industrielle Reservearmee führt weltweit zur Verarmung im Norden und im Süden.

Das Ergebnis ist eine internationale Niedriglohnökonomie, die nicht nur schamlose Ausbeutung und Verelendung bedeutet, nicht nur den Verlust von Selbstbestimmung und Demokratie, sondern auch deflationäre Tendenzen weltweit, weil die Nachfrage fehlt, die die überproduzierten Waren kaufen kann. Hinzu kommen Unwägbarkeiten eines chaotischen und parasitären Währungssystems. Denn auch den internationalen Investoren fällt es inzwischen auf, dass das höchstverschuldete Land der Welt nicht Brasilien, Indonesien, Mexiko oder Argentinien ist, sondern – die imperiale Supermacht. Die USA sind der einzige Staat, der sich in eigener Währung verschulden kann und der die von überall angesaugten Ressourcen mit gedrucktem Papier, eben mit Dollars, bezahlt.[7] Die glücklichen Jahre des Dollars sind aber wohl bald vorbei, und es besteht die Gefahr, dass die Länder des Südens mit in den Abgrund gerissen werden – sollten sie nicht bis dahin ihr eigenes regionales Währungssystem aufgebaut haben, wie Walden Bello das für Asien fordert.

---

[7] Siehe dazu Elmar Altvaters Analyse des Zusammenhangs von Ölversorgung und Dollar-Regime in »Sand im Getriebe« 41 (www.attac.de/rundbriefe).

Darum De-Globalisierung!

Das System der kapitalistischen Globalisierung funktioniert nicht. Es ist destruktiv und begünstigt einen immer kleiner werdenden Teil der Weltbevölkerung. Das ist z.B. auch der Standpunkt von Josef Stiglitz: »Die Globalisierung in ihrer heutigen Form ist keine Erfolgsgeschichte... Ich glaube, dass die Globalisierung so gestaltet werden kann, dass sie ihr positives Potenzial freisetzt, und dass die internationalen Wirtschaftsinstitutionen so umgeformt werden können, dass sie ihren Beitrag zur Erreichung dieses Zieles leisten.«[8]

Walden Bello ist allerdings radikaler in dem Sinne, dass er nach den Ursachen der weltweiten Verwerfungen fragt. Es sind die Strukturen der internationalen Arbeitsteilung, die den armen Ländern und den Armen in diesen Ländern keine Chance geben. Diese Strukturen müssen umgestaltet werden. Dazu sind ein bedingungsloser Schuldenerlass und verschiedene Formen internationaler Steuern (z.B. die Tobin-Steuer) nötig, aber sie reichen nicht aus, wenn ansonsten der Status Quo unangetastet bleibt.

De-Globalisierung bedeutet für Walden Bello im Anschluss an Karl Polanyi, dass die Logik des Marktes dem Bedürfnis der Gesellschaft untergeordnet wird; dass die Wirtschaft wieder in die Gesellschaft eingebettet wird; dass Werte wie Selbstbestimmung, Gerechtigkeit, Gleichheit und Solidarität wichtiger sind als Kosteneffizienz und Profitmaximierung. Es geht um nichts weniger als um eine andere Weltwirtschaftsordnung.

Das war aber nicht immer so. Er hat seinen Ansatz der De-Globalisierung im Laufe der Jahre radikalisiert. Wenn man sich die noch vorsichtigen Ansätze zur De-Globalisierung der heimischen Wirtschaft anschaut, die er im Jahr 2000 formuliert hat (in diesem Band, die Aufsätze sind nicht chronologisch, sondern inhaltlich gegliedert, S. 101ff.) und sie mit seinen späteren, grundlegenderen Überlegungen aus dem Jahr 2002 vergleicht (in diesem Band S. 59ff.), wird deutlich, wie Bello die politische Reichweite seiner Forderungen verschärft hat. Zwar sind seine Aufsätze und Ansichten immer offen und mit einer gewissen Ambivalenz formuliert. Der Leser wird jedoch feststellen können, dass die Implikationen der jüngsten De-Globalisierungsforderungen eine post-kapitalistische Wirtschaftsordnung zwar nicht zwingend erfordern, aber ermöglichen.

---

[8] Joseph Stiglitz, Die Schatten der Globalisierung, Berlin 2002, S. 246.

Den Weg zu einer de-globalisierten Welt zeigt Bello nicht auf, dafür ist er zu vorsichtig gegenüber fertigen Vorstellungen und Modellen; aber er zeigt Instrumente und Werte auf, die dieses Modell ausmachen, und entwickelt den Weg zur De-Globalisierung aus einer Negation. Der Status Quo der jetzigen Weltwirtschaftsordnung und ihrer Institutionen muss zunächst delegitimiert werden. Immer größere Teile des öffentlichen Lebens müssen aus dem Markt herausgelöst und demokratischen Entscheidungen unterworfen werden.[9]

- Ökonomische Gründe sprechen dafür: Orientierung auf den Binnenmarkt, Abbau des Exportwasserkopfes, Mobilisierung der internen Ressourcen, Vermeidung der Abhängigkeit von ausländischen Investitionen.
- Soziale Gründe sprechen dafür: Umverteilung von Eigentum (Landreform) und Einkommen zur Erweiterung eines vitalen Binnenmarktes.
- Ökologische Gründe sprechen dafür: qualitatives statt quantitatives Wachstum, Verkürzung der Transportwege, ökologische Prioritäten.
- Es sind aber vor allem politische Gründe, die nach einem alternativen Produktionssystem, nach Regionalisierung und Lokalisierung, nach Reorganisation von Macht, Vermögen, Arbeit und Einkommen rufen.

De-Globalisierung soll eine emanzipatorische Strategie des globalen Südens gegen die Übermacht des Nordens sein, der immer zur Abschottung und zum Protektionismus neigt (Landwirtschaft, Stahlindustrie, Patentrechte). Sie bedeutet, dass die armen Länder aus ihrer Objekt-Rolle auf den Weltmärkten heraustreten und in anderen Strukturen im Innern sowie mit neuem Selbstbewusstsein nach außen ihre Autonomie zurückgewinnen und dadurch den Spielraum für soziale Umwälzungen erweitern.

Der Neoliberalismus mit seiner Logik von Kapital und Markt minimiert die Gestaltungsspielräume der Völker überall auf der Welt. Sie brauchen Luft zum Atmen, damit sie ihr Schicksal wieder in die eigenen Hände nehmen, die Macht den internationalen Finanzmärkten, den chaotischen Warenmärkten, den imperialen Armeen und den eigenen Eliten entreißen können. Damit Demokratie – um dieses von G.W. Bush schamlos zu imperialen Zwecken geschändete Wort zu gebrauchen – wieder möglich wird. Echte Demokratie, die das Primat der an den Armen orientierten Politik über die Märkte ermöglicht.

---

[9] Siehe hierzu das Interview mit Walden Bello, »Marx, Gramsci und die Philosophie des Widerstandes«, in: SiG 29, http://www.attac.de/rundbriefe/SiG29.pdf.

Intellektueller mit langem Atem

Das Rollen-Modell des organischen Intellektuellen (Gramsci), wie es zu den Blütezeiten der sozialistischen Arbeiterbewegung oder der Neuen Linken um 1968 von einigen Intellektuellen praktiziert wurde, ist in den Niederlagen der fortschrittlichen Bewegungen in den 1980er und 90er Jahren mit untergegangen. Man erinnere sich nur an die berühmte Photographie von Jean-Paul Sartre, die zeigt, wie er im Pariser Mai die kommunistische Zeitung »La Cause du Peuple« auf einer Demonstration verkauft. Walden Bello ist nicht das einzige Indiz dafür, dass mit der neuen globalisierungskritischen Bewegung auch eine neue Generation von Intellektuellen entsteht. Walden Bello ist im Gegensatz zu Naomi Klein nicht neu auf der politischen Bühne. Aber genauso wie Susan George in Europa, Noam Chomsky in den USA oder Yash Tandon in Afrika erreicht er erst jetzt, nach Jahrzehnten der beharrlichen politischen Arbeit, mit seinen Analysen ein breiteres Publikum.

Erst kürzlich wurde ihm eine zweifelhafte Ehre zu Teil: Die »kommunistische« Partei der Philippinen führt ihn auf einer Liste der »Konterrevolutionäre«. Zwei Menschen auf dieser Liste wurden bereits getötet.[10] Wer solche Feinde hat, der hat sich die richtigen Freunde gemacht.

Für sein Engagement und seine Leistungen hat Bello 2003 den »Right Livelihood Award« erhalten, auch bekannt als »Alternativer Nobelpreis«. In Deutschland ist zwar der Name Walden Bello bereits vielen Menschen aus der globalisierungskritischen Bewegung ein Begriff, aber seine zentralen Thesen sind in deutscher Sprache bisher noch nicht zugänglich. Diese Lücke soll dieses Buch schließen helfen.

Oliver Nachtwey und Peter Strotmann
Birmingham und Berlin, Februar 2005

[10] Siehe die Solidaritätserklärung von namhaften progressiven Intellektuellen unter http://www.focusweb.org/main/html/Article565.html.

Die Marginalisierung des Südens

Das gegenwärtige System der Global Governance hat seine Wurzeln im Zusammentreffen zweier Schlüsselelemente der weltwirtschaftlichen Dynamik nach 1945 – der Wettbewerbsbeziehungen der dominanten kapitalistischen Wirtschaften untereinander und der Anstrengungen der Dritte-Welt-Länder, sich zu entwickeln und eine Neuverteilung der globalen Wirtschaftsmacht zu bewirken. Vor allem das zweite Element soll Gegenstand vorliegender Analyse sein.

Die Zeit der Dekolonisierung der 1950er und 1960er Jahre ist ein geeigneter Ausgangspunkt für diese Analyse. Ihre politische Unabhängigkeit erlangten zahlreiche Staaten in der angespannten Atmosphäre des Kalten Krieges. Auch wenn diese Länder der Dritten Welt meistens politisch entweder in das östliche oder das westliche Bündnis eingebunden waren, setzten sie doch zwei grundlegende Ziele an die Spitze ihrer ökonomischen Prioritäten: eine schnelle Entwicklung und eine globale Umverteilung des Reichtums.

Die radikalere Variante dieser Agenda in Gestalt der leninistischen Imperialismustheorie zog viel Aufmerksamkeit auf sich und wurde, was nicht überrascht, in manchen Kreisen auch verdammt. Mehr Einfluss hatte allerdings die moderatere Variante, die die politisch sonst sehr verschiedenen Dritte-Welt-Regierungen in eine gemeinsame Front zog: die Vision, die Analyse und das Aktionsprogramm des argentinischen Ökonomen Raul Prebisch, der von seiner Ausgangsbasis in der UN-Wirtschaftskommission für Lateinamerika und die Karibik (Cepal) mit seinen Schriften eine globale Anhängerschaft gewann.

Prebischs in den späten 1950er und frühen 1960er Jahren entwickelte Theorie konzentrierte sich auf das sich verschlechternde Warenaustauschverhältnis zwischen industrialisierten und nichtindustrialisierten Ländern. Er stellte eine Gleichung auf, nach der für immer mehr Rohstoffe und landwirtschaftliche Erzeugnisse des Südens immer weniger Industrieprodukte des Nordens eingekauft werden können. Darüber hinaus würden sich die Handelsbeziehungen noch weiter verschlechtern, da nördliche Produzenten Surrogate für die Rohstoffe des Südens entwickelten und die Konsumenten des Nordens einen immer geringeren Anteil ihrer Einkommen für landwirtschaftliche Produkte des Südens verwenden würden.[1]

Der Aufstieg der Unctad

In Entwicklungskreisen als »Strukturalismus« bekannt, diente Prebischs Theorie der »unblutigen, aber unerbittlichen Ausbeutung«, wie es ein Autor ausdrückte,[2] als Inspiration für Organisationen, Bewegungen und Programme, die in den 1960er und 1970er Jahren in der Dritten Welt die Bühne betraten. Darunter befanden sich die Bewegung blockfreier Staaten (Non-Aligned Movement – Nam), die Gruppe der 77, die Organisation erdölexportierender Länder (Opec), die Neue Internationale Wirtschaftsordnung (NIEO). Seine Theorie spielte auch eine zentrale Rolle bei der Schaffung der Konferenz der Vereinten Nationen für Handel und Entwicklung (Unctad) im Jahr 1964, die im Verlauf des nächsten Jahrzehnts zum Hauptvehikel der Anstrengungen der Dritte-Welt-Länder wurde, die Weltwirtschaft neu zu strukturieren.

Mit Prebisch als ihrem ersten Generalsekretär verfocht die Unctad eine globale Reformstrategie mit drei zentralen Ansätzen. Der erste bestand in der Aushandlung von unteren Preislimits für Waren als Beitrag zu einer allgemeinen Preisstabilisierung. Der zweite war ein System von Vorzugszöllen, das im Zeichen der Entwicklung Industrieexporten aus der Dritten Welt den Zugang zu den Märkten der Ersten Welt zu niedrigeren Zöllen als den für Industriewaren aus entwickelten Ländern gewährte. Der dritte war die Ausweitung und Beschleunigung der Entwicklungshilfe, die in den Augen der Unctad keine Almosen, sondern eine »Wiedergutmachung, einen an die Dritte Welt gewährten Rabatt für Jahre der sinkenden Warenkaufkraft« darstellte.[3] Die Unctad unternahm auch den Versuch, die Anwendung protektionistischer Maßnahmen im internationalen Handel als Mechanismus zur Förderung der Industrialisierung zu rechtfertigen, und verlangte einen beschleunigten Technologietransfer in den Süden.

---

[1] Siehe u.a. Towards a New Trade Policy for Development. New York: UNCTAD, 1964.

[2] Bernard Nossiter, The Global Struggle for More. New York: Harper and Row, 1987, S. 42-43.

[3] Ebd., S. 45.

Mehr oder minder ausgeprägt spiegelte sich die strukturalistische Kritik in der Politik anderer Schlüsselagenturen des UN-Sekretariats wider, beispielsweise des Wirtschafts- und Sozialrats (Ecosoc) und des Entwicklungsprogramms (UNDP), und wurde zur vorherrschenden Sichtweise in der Generalversammlung.

Die Zwillinge von Bretton Woods vs. Entwicklungsprogramm der UN

Die Reaktion der führenden Staaten des Nordens auf die Forderungen nach wirtschaftlicher Entkolonialisierung war durch mehrere Faktoren bedingt. Insbesondere der Kalte Krieg spielte dabei eine Rolle. Der Vorrang des politischen Vorhabens der Eindämmung der Sowjetunion und des Kommunismus bewegte den Norden, insbesondere die US-Regierung, zu einer weniger konsequenten Linie in der Frage, ob die Wirtschaftsstrukturen ihrer verbündeten Staaten den Prinzipien des freien Marktes tatsächlich genügten. Die USA verfochten das Privatunternehmertum und verlangten den freien Zugang für ihre Konzerne, zeigten sich aber in Fragen des Protektionismus, der Investitionskontrollen und des staatlichen Wirtschaftsinterventionismus deutlich toleranter. Sie legten auch ihre klassische ausbeuterische Haltung ad acta, um zumindest dem Ideal einer Politik der begrenzten globalen Umverteilung des Reichtums, in erster Linie in Gestalt von Entwicklungshilfe, das Wort zu reden. Während die Entwicklungsländer aber zum UN-System tendierten, verließen sich die Regierungen der entwickelten Länder zunehmend auf den Internationalen Währungsfonds und die Internationale Bank für Wiederaufbau und Entwicklung (IBRD), die Vorgängerin der Weltbank, um ihre Agenda durchzusetzen.

Die 1944 gegründeten Institutionen von Bretton Woods übernahmen in der Anfangszeit Aufgaben, die sich von denen im Kontext ihrer späteren Mitwirkung an den Nord-Süd-Beziehungen deutlich abheben. Der IWF wurde von den beiden Schwergewichten an der Bretton-Woods-Zusammenkunft, John Maynard Keynes und Harry Dexter White, als Hüter globaler Liquidität konzipiert. Diese Aufgabe sollte er erfüllen, indem er die Aufrechterhaltung von stabilen Wechselkursen seitens seiner Mitgliedsstaaten überwachte und Rücklagen zur Verfügung stellte, auf die sie zur Überwindung von zyklischen Zahlungsbilanzdefiziten gelegentlich zurückgreifen konnten. Die IBRD ihrerseits wurde, wie der

Name schon andeutet, explizit zum Zweck des Wiederaufbaus der kriegszerstörten Wirtschaften vor allem Westeuropas durch die Gewährung von günstigen Krediten gegründet.

Zu Beginn der 1970er Jahre läutete die Abkoppelung des Dollars vom Goldstandard durch US-Präsident Nixon eine neue Ära freier Wechselkurse ein, die die ursprüngliche Mission des IWF obsolet machte. Stattdessen spielte der IWF eine immer zentralere Rolle bei der Stabilisierung von Dritte-Welt-Wirtschaften mit Zahlungsbilanzschwierigkeiten. Die Weltbank hatte sich ihrerseits zur bedeutendsten multilateralen Entwicklungsagentur gemausert.

Im Fall der Weltbank stellte eine 1951 durch einen Expertenbericht mit der Überschrift »Maßnahmen für die wirtschaftliche Entwicklung unterentwickelter Länder« ausgelöste Debatte im gewissen Sinne einen Wendepunkt dar. In dem Bericht wurde vorgeschlagen, den Ländern der Dritten Welt Beihilfen zu gewähren.[4] Diese Debatte als Sprungbrett benutzend, versuchten Länder der Dritten Welt in der UNO-Vollversammlung die Einrichtung eines Sonderhilfsfonds für wirtschaftliche Entwicklung (Sunfed) durchzudrücken, der nicht den Ländern des Nordens, sondern den UN unterstellt werden und dessen Kreditvorgaben nicht eng gefasste Bankenrichtlinien, sondern der tatsächlich vorhandene Entwicklungsbedarf sein sollte.

Der Norden, angeführt von den USA, leistete beharrlichen Widerstand und suchte zunächst Zuflucht in Verzögerungs- und Ablenkungstaktiken, wie zum Beispiel dem Vorschlag, einen 100-Millionen-Dollar-Fonds zur Finanzierung einer Investitionsstudie unter der Federführung der IBRD oder irgendeiner anderen westlichen Behörde zu schaffen.[5] Nachdem die Länder des Südens, unbeeindruckt von diesen Taktiken, weitere Anstrengungen zur Errichtung des Exekutivrates des Sonderfonds für Entwicklung (Sunfed) unternahmen, schlug der Norden eine Alternative vor: die Gewährung von günstigen, durch den Norden finanzierten Entwicklungshilfekrediten (Soft Loans), allerdings im Rahmen einer vom Norden und nicht von der Dritte-Welt-Mehrheit in den UN kontrollierten Institution. So entstand die Internationale Entwicklungsagentur (Ida), die der Weltbank als deren Schalter für Soft Loans angegliedert wurde.

---

[4] Nassau Adams, »The UN's Neglected Brief – The Advancement of All Peoples«, in: Erskine Childers (Hrsg.), Challenges to the UN. New York: St. Martins Press, S. 31.

[5] Nossiter, a.a.O., S. 34.

Ein Wirtschaftsexperte jener Zeit fasste den Vorgang so zusammen: Der Anstoß kam in erster Linie von der Bank selbst, die sich wegen der Forderung des Südens nach einem eigenständigen Fonds unter UN-Verwaltung zunehmend Sorgen machte. Eugene R. Black, ihr gewiefter Präsident, sagte unumwunden: »Die Internationale Entwicklungsagentur war in Wirklichkeit ein Projekt, um das Verlangen nach Sunfed abzuwenden.« Black konnte, genauso wie jeder andere Bankier, den Soft Loans nur wenig abgewinnen. Aber wenn einer sie gewähren sollte, so sein Kalkül, dann am liebsten die Bank selbst. Wenn ein neues Geschäft zu machen war, wollte Black es machen.[6]

Die Ida war Teil eines Kompromisspakets, mit dem die Idee eines Entwicklungsfonds unter UN-Verwaltung effektiv begraben wurde. Der zweite Bestandteil dieses Pakets war die Einrichtung eines UN-Sonderfonds, der später in UN-Entwicklungsprogramm (UNDP) umbenannt wurde und als Kanal für die Zuteilung viel kleinerer, in erster Linie technischer Hilfen für Dritte-Welt-Länder diente.[7]

Der Ida-UNDP-Kompromiss brachte die Forderung nach einer Organisation unter UN-Kontrolle zum Verstummen, nicht aber die immer drängender formulierte Forderung der Dritten Welt nach einer globalen Umverteilung des Reichtums. Das Ergebnis war die Etablierung der Unctad im Jahr 1964 und, viel spektakulärer noch, das Anfang bis Mitte der 1970er Jahre neu entdeckte Selbstbewusstsein der Organisation erdölexportierender Länder (Opec), und ihr Bestreben, die Kontrolle über die Ölpreise an sich zu reißen, was dann im 1974 auf der Sondersitzung der UN-Vollversammlung angenommenen Programm einer »neuen internationalen Wirtschaftsordnung« seinen Kulminationspunkt fand. Diese Vorstöße hatten ganz klar einen reformistischen, nicht einen revolutionären Charakter; sie drückten eher die Forderungen der Eliten als die der Massen der Dritten Welt aus. Im Kontext erfolgreicher revolutionärer Kämpfe in Vietnam und anderen Ländern der Dritten Welt waren sie dennoch Anlass für Washington, die Suche nach einer Gegenstrategie zur gelenkten Reform mit größerer Dringlichkeit zu betreiben.

---

[6] Ebd., S. 35.
[7] Adams, a.a.O.

Die Herausforderung des Südens in den 1970er Jahren

In den 1970er Jahren rückte Washington die Weltbank ins Zentrum ihres Gegenvorstoßes. Robert McNamara wurde 1968, nach seiner glücklosen Zeit im US-Verteidigungsministerium, zum Präsidenten der Weltbank ernannt und diente fortan als Schrittmacher einer liberaleren Gangart. Die McNamara-Strategie umfasste mehrere Elemente. Zunächst wurden die Ressourcen der Weltbank massiv erhöht. Die gewährten Kredite, die zum Zeitpunkt seines Amtsantritts noch bei jährlich 2,7 Milliarden Dollar gelegen hatten, erhöhten sich bis 1978 auf 8,7 Milliarden und erreichten die Marke von 12 Milliarden, als er 1981 schließlich ausschied. Zweitens wurde das Armutsbekämpfungsprogramm so formuliert, dass das knifflige Problem der Sozialreform möglichst umschifft und die Hilfen auf die Erhöhung der »Produktivität der Armen« konzentriert wurden. Drittens unternahm man den Versuch der Spaltung der Dritten Welt, indem einige wenige Länder als »Schwerpunktländer« auserkoren wurden, die im Verhältnis zu ihrer Größe und ihrem Einkommen Ziel eines überdurchschnittlichen Zuflusses von Hilfsgeldern wurden.

Durch den Aufstieg der Opec lockerte sich Mitte der 1970er Jahre allerdings die Abhängigkeit vieler führender Länder der Unctad und der Gruppe der 77 von der multilateralen Bank- und Entwicklungshilfe, denn jetzt hatten sie Zugang zu massiven Kreditgeldern, die ihnen die kommerziellen Banken – in ihren Bemühungen, die ihnen anvertrauten Milliarden-Rücklagen der Opec-Länder profitabel anzulegen – allzu bereitwillig zur Verfügung stellten.

Statt der Hilfen konzentrierte sich die Unctad fortan auf die Veränderung der Regeln für den internationalen Handel, und ihre Bemühungen waren von einigem Erfolg gekrönt. Auf der vierten Konferenz der Unctad (Unctad IV) in Nairobi im Jahr 1976 wurde das Integrierte Rohstoffprogramm (IRP) ohne Gegenstimme der entwickelten Länder verabschiedet. Das IRP verabschiedete eine Liste von 18 Waren, die Gegenstand von Verhandlungen bzw. Neuverhandlungen sein sollten, mit dem erklärten Ziel, exzessive Preisschwankungen zu vermeiden und Warenpreise auf einem für die Produzenten einträglichen und für die Konsumenten fairen Niveau zu stabilisieren.

Man einigte sich auch auf die Einrichtung eines gemeinsamen Fonds zur Regulierung von Preisen, sollten diese die ausgehandelten Zielvorgaben übermäßig unter- oder überschreiten.

Der seitens der Unctad und der Gruppe der 77 ausgeübte Druck bewog auch den IWF dazu, ein weiteres Fenster zu öffnen: die Fazilität zur Kompensierung bei Exporterlösausfällen (CFF), um Dritte-Welt-Ländern bei der Bewältigung von Devisenkrisen im Zuge von plötzlichen Preisstürzen für die von ihnen exportierten Rohstoffe mit Ausgleichszahlungen unter die Arme zu greifen. Eine weitere Errungenschaft der Unctad war, die Industriestaaten dazu zu bewegen, das Prinzip von Vorzugszöllen für Entwicklungsländer zu akzeptieren. Zu Beginn der 1980er Jahre waren 26 Industriestaaten an insgesamt 16 gesonderten Programmen »des allgemeinen Präferenzsystems« (APS) beteiligt.

Diese Zugeständnisse waren natürlich beschränkt. In Bezug auf die Warenpreisstabilisierung wurde es bald offensichtlich, dass die reichen Länder ihre Konfrontationsstrategie durch eine Ausweichstrategie der Vereitelung von konkreten Abmachungen ersetzt hatten. Ein volles Jahrzehnt nach Unctad IV war nur ein einziges neues Preisstabilisierungsabkommen ausgehandelt worden, nämlich für Kautschuk, eine bestehende Vereinbarung über Kakao war unwirksam, und die Verhandlungen über Zinn und Zucker waren gescheitert.[8]

Die Reaktion der Rechten und die Verteufelung des Südens

Ende der 1970er Jahre stießen aber sogar diese kümmerlichen Zugeständnisse in zusehends einflussreichen Sektoren des US-Establishments auf immer größeren Widerspruch. Solche Zugeständnisse innerhalb des UN-Systems wurden im Licht anderer Entwicklungen der Nord-Süd-Beziehungen neu bewertet, und es schien, als ob die von der Weltbank betriebene Strategie der liberalen Eindämmung auf dem Gebiet der Wirtschaftsbeziehungen nicht das erhoffte Ergebnis gebracht hätte, nämlich Sicherheit für westliche Interessen im Süden im Gegenzug für die Kooptation von Dritte-Welt-Eliten.

Bei aller Beteuerung ihres Antikommunismus gaben die regierenden Eliten in der gesamten Dritten Welt, die ja das Rückgrat der Unctad bil-

---

[8] Alfred Maizels, »Reforming the World Commodity Economy«, in: Michael Cutajar (Hrsg.), UNCTAD and the North-South Dialogue. New York: Pergamon Press, 1985, S. 108; United Nations, World Economic Survey. New York: United Nations, 1988, S. 42.

deten, dem populären Druck lokaler Industrieinteressen nach und verschärften ihre Kontrollen ausländischer Investitionen. Nirgendwo sonst war das Anlass für größere Sorge unter amerikanischen Geschäftsleuten als im Fall Brasiliens und Mexikos; zweier Staaten, die in den Augen amerikanischer multinationaler Konzerne von besonderer strategischer Bedeutung waren. In Brasilien, wo mehr als die Hälfte aller Umsätze der verarbeitenden Industrie auf Betriebe in ausländischem Besitz entfielen,[9] führte das militärisch-technokratische Regime Bedenken der nationalen Sicherheit ins Feld und erklärte den strategischen Informationssektor zum Hoheitsgebiet lokaler Industrien, sehr zur öffentlichen Verärgerung von IBM und anderen amerikanischen Computerfirmen.[10] In Mexiko, wo beinahe 30% des Ausstoßes der verarbeitenden Industrie auf ausländische Firmen entfiel,[11] beantwortete die mächtige US-Pharmaindustrie die Regierungspläne für die Neuordnung der Arzneimittelbranche mit einer Prozesslawine und der Drohung, ihre Investitionen zurückzuziehen. Die nationale Industrie schlug eine patentfreie Politik, die Förderung von Generika, die Nutzbarmachung einheimischer Rohstoffe, Preiskontrollen, eine positive Diskriminierung örtlicher Industrien und Kontrollen über ausländische Investitionen vor.[12]

Wie beunruhigend diese Maßnahmen und Handlungen auch waren, ihre Auswirkungen verblassten angesichts des zweiten Opec-»Ölschocks« von 1979. Trotz der Tatsache, dass westliche Ölkonzerne die Preiserhöhungen direkt an die Konsumenten weiterleiteten, um so ihre enormen Gewinnspannen aufrechtzuerhalten, wurde die Opec in den Augen vieler Amerikaner zum Symbol für den Süden: eine gewissenlose Gang, die darauf erpicht war, ihr Quasimonopol über eine zentrale Ressource einzusetzen, um den Westen in die Knie zu zwingen. Obwohl die Opec keineswegs von Kommunisten oder radikalen Nationalisten wie Libyens Staatschef Gaddafi dominiert war, sondern vielmehr von US-Verbündeten wie Saudi Arabien, Kuweit und Venezuela, erweckte ihre »Ölwaffe«

---

[9] Karin Lissakers, Banks, Borrowers, and the Establishment. New York: Basic Books, 1991, S. 56.

[10] Eduardo White, »The Question of Foreign Investments and the Economic Crisis of Latin America«, in: Richard Feinberg/Ricardo French-Davis (Hrsg.), Development and External Debt in Latin America: Bases for a New Consensus. Notre Dame: University of Notre Dame Press, 1988, S. 157-158.

[11] Lissakers, a.a.O., S. 56.

[12] White, a.a.O., S. 158.

mehr Angst als die Nuklearwaffen der Sowjetunion. Das Ölkartell wurde als Vorreiter eines vereinten Blocks des Südens gefürchtet, der die wichtigsten strategischen Grunderzeugnisse unter seine Kontrolle bringen wollte, und die rechten Propagandisten verwiesen – in ihren Bemühungen, im Norden Angst zu schüren – auf die Erklärung der blockfreien Staaten von 1973 in Algier: »Die Staats- und Regierungschefs empfehlen die Etablierung wirkungsvoller Solidaritätsorganisationen zum Schutz der Rohstoffproduzenten nach dem Muster der Organisation erdölexportierender Länder ..., um sich die natürlichen Ressourcen wieder anzueignen und wachsende und substantielle Exporteinnahmen sicherzustellen.«[13]

Das System der Vereinten Nationen war für rechte Kreise in den späten 1970er und frühen 1980er Jahren ein wichtiger Zankapfel bei ihrer Verteufelung des Südens. In ihren Augen waren die UN zum strategischen Werkzeug des Südens zur Herbeiführung einer Neuen Internationalen Wirtschaftsordnung (NIEO) geworden. Die rechte Denkfabrik Heritage Foundation beklagte sich, dass die Regierungen des Südens »einen erheblichen Zeitaufwand und enorme Ressourcen« darauf verwendeten, »die Ideologie der NIEO in die UN und darüber hinaus zu verbreiten. Kaum eine Organisation oder Behörde der UN blieb davon verschont.«[14] Die Bemühungen des Südens, eine Umverteilung der globalen Wirtschaftsmacht vermittels der UN-Institutionen zu bewerkstelligen, ordnete man als konzertierte Aktion ein: Die Datenkommunikation der Privatkonzerne geriet international und von Seiten einzelner Dritte-Welt-Staaten in die Kritik, Vorschläge für strikte Kontrollen des internationalen Pharmahandels lagen gleich mehreren UN-Körperschaften zur Entscheidung vor, andere internationale Organisationen waren damit beschäftigt, restriktive Verhaltensregeln für multinationale Konzerne zu entwerfen, und die Unesco wollte gar die Presse weltweit gültigen Einschränkungen unterwerfen.[15]

Als besondere Bedrohung empfand die Heritage die Anstrengungen der Dritten Welt, eine »Neuaufteilung der natürlichen Ressourcen« herbeizuführen, indem sie die Meeresböden, den Weltraum und die Antarktis durch die Internationale Seerechtskonvention, die Vereinbarung zur

[13] Zitiert nach Nossiter, a.a.O., S. 57.

[14] Doug Bandow, »The US Role in Promoting Third World Development« in: Heritage Foundation, US Aid to the Developing World: A Free Market Agenda. Washington, DC: Heritage Foundation, 1985, S. xxii.

[15] Ebd., S. xxiv.

Reglementierung staatlicher Aktivitäten auf dem Mond und anderen Himmelskörpern (das Weltraumabkommen) und eine fortlaufende UN-Studie und -Debatte über die Antarktis unter ihre Kontrolle bringen. Der malaysische Premier Mahathir Bin Mohamad, Vorreiter der Bemühungen um ein UN-Mandat über die Antarktis, verkündete vor der Vollversammlung: »Aller bisher nicht beanspruchte Reichtum dieser Erde« ist das »gemeinsame Erbe der Menschheit« und muss daher der politischen Kontrolle durch die Dritte Welt unterstellt werden.[16]

Die erneute Unterwerfung des Südens I: Strukturelle Anpassung

Die Reagan-Regierung kam 1981 an die Macht mit dem selbst gesteckten Ziel, nicht nur den Kommunismus zurückzudrängen, sondern auch die Dritte Welt zu maßregeln. Im Verlauf der nächsten vier Jahre entfaltete man eine Doppelstrategie, die darauf abzielte, das System des »staatlich gestützten Kapitalismus« als vermeintliche heimische Basis der nationalen kapitalistischen Eliten des Südens zu demontieren und das System der Vereinten Nationen als Forum und Instrument der ökonomischen Agenda des Südens entscheidend zu schwächen.

Die Gelegenheit sollte nicht lange auf sich warten lassen. Sie kam in Gestalt der globalen Schuldenkrise, die im Sommer 1982 ausbrach und die Verhandlungsposition der südlichen Regierungen gegenüber den nördlichen Staaten und Konzernen und den durch den Norden dominierten multilateralen Institutionen stark schwächte. Die wesentlichen Instrumente zur Zurückdrängung des Südens waren die Weltbank und der IWF. Das war eine bemerkenswerte Entwicklung für die Weltbank, die zuvor vom Wall Street Journal und Konservativen als einer der Übeltäter gebrandmarkt wurde, weil sie mit ihren Krediten an südliche Regierungen eine Schwächung der globalen Position des Nordens durch eine »Förderung des Sozialismus« in der Dritten Welt herbeigeführt habe. Der Liberale McNamara, dem Konservative die Niederlage in Vietnam und sein Unvermögen vorhielten, der Herausforderung des Südens Einhalt zu gebieten, wurde jetzt durch einen gefügigeren Kandidaten ersetzt. Damit konnte die ideologisch motivierte Rechte, die die Schließung der Bank anstrebte, durch pragmatisch denkende Rechte, die die Bank als Instru-

[16] Ebd., S. xxiii-xxiv.

ment der Disziplinierung einsetzen wollten, schließlich gemäßigt werden.

Unter »struktureller Anpassung« verstand man eine neue Herangehensweise an Kreditvergaben, die während McNamaras letzten Jahren als Weltbankdirektor formuliert wurde. Im Gegensatz zu herkömmlichen, an Einzelprojekte gebundenen Krediten ging es bei strukturellen Anpassungskrediten um das Forcieren eines »Reformprogramms«, das die ganze Wirtschaft bzw. einen ganzen Wirtschaftszweig tangierte. Mitte der 1980er Jahre wurde die vom IWF und der Weltbank auferlegte strukturelle Anpassung zum Hauptvehikel für ein Programm der Marktliberalisierung, das in vollem Umfang auf alle Wirtschaften der Dritten Welt mit größeren Schuldenproblemen angewandt wurde. Alle Strukturanpassungsprogramme hatten fast ausnahmslos folgende Merkmale:

- eine radikale Kürzung der Staatsausgaben, vorgeblich, um die Inflation unter Kontrolle zu bekommen und die Nachfrage nach Kapitalzuflüssen aus dem Ausland zu dämpfen, eine Maßnahme, die in der Praxis Kürzungen im Gesundheits-, Bildungs- und Sozialwesen bedeutete,
- Importliberalisierung und Abschaffung von Restriktionen für Auslandsinvestitionen, vorgeblich, um die heimische Industrie effizienter zu machen, indem man sie direkt der ausländischen Konkurrenz aussetzte,
- die Privatisierung von Staatsunternehmen und ein Programm der radikalen Deregulierung, um Zuteilung und Gebrauch von produktiven Ressourcen den Marktmechanismen an Stelle von Regierungsdekreten zu überlassen und so effektiver zu gestalten,
- eine Währungsabwertung, um die Wettbewerbsfähigkeit der Exporte zu erhöhen und dadurch mehr Dollareinnahmen für die Bedienung der Auslandsschulden zu erzielen,
- Lohnkürzungen bzw. -beschränkungen und die Abschaffung bzw. Lockerung von Bestimmungen zum Schutz der Arbeiterschaft wie Mindestlöhne, mit dem Ziel, so genannte künstliche Barrieren gegen die Mobilität von heimischem und ausländischem Kapital zu entfernen.

Ende der 1980er Jahre waren es bereits über 70 Länder, die sich den Programmen des IWF und der Weltbank gefügt hatten, sodass Stabilisierung, strukturelle Anpassung und Schocktherapien, alles vom entfernten Washington aus gemanagt, zur Standardkost des Südens wurden. Die strukturelle Anpassung nannte man eine notwendige Voraussetzung dafür, dass die Länder der Dritten Welt in die Lage versetzt würden, ihre Schulden an die Banken des Nordens zurückzuzahlen, aber es verbarg sich dahinter ein Ziel von weitaus strategischerer Reichweite: das System des staatlich gestützten Kapitalismus als lokale Basis für die nationalen kapitalistischen Eliten zu demontieren. Eine 1988 von der UN-Kommission für Afrika durchgeführte Studie über strukturelle Anpassungsprogramme (SAPs – Structural Adjustment Programs) kam zu dem Ergebnis, dass die Essenz der SAPs in der »Abschaffung direkter staatlicher Intervention in die produktiven und Umverteilungssektoren der Wirtschaft« lag.[17]

Was Lateinamerika betrifft, merkte ein Wirtschaftsexperte an, dass sich die USA »diese Periode der finanziellen Anspannung« zunutze machten, »um darauf zu bestehen, dass Schuldnerländer als Gegenleistung für die Vergabe von Krediten die Regierung aus der Wirtschaft zurückziehen«. Eine 1992 von der Interamerikanischen Entwicklungsbank veröffentlichte Retrospektive auf das Jahrzehnt der Anpassung benennt gleichfalls den Rückzug des Staates aus jeglicher wirtschaftlichen Betätigung als das Kernstück der ideologischen Perspektive, die die strukturellen Reformen der 1980er Jahre prägte.[18]

1992, am Ende der zwölfjährigen Ära von Reagan und Bush, war der Süden transformiert worden: Von Argentinien bis nach Ghana war die staatliche Beteiligung an der Wirtschaft drastisch zurückgefahren worden, Regierungsunternehmen wurden im Namen der Effizienz in private Hände übergeben, protektionistische Importbarrieren radikal abgebaut und die heimische Wirtschaft durch eine stark auf den Export orientierte Politik enger in die vom Norden beherrschten kapitalistischen Weltmärkte integriert.

Die erneute Unterwerfung des Südens II: Die Zähmung der Tiger

Es gab ein Gebiet des Südens, das von der ersten Phase der ökonomischen Konterrevolution des Nordens relativ unberührt blieb: Ost- und Südostasien. Hier waren praktisch alle Wirtschaftssysteme von den glei-

---

[17] Zitiert nach Seamus Cleary, »Toward a New Adjustment in Africa«, in: »Beyond Adjustment«, Sonderheft von African Environment, Bd. 7, Nr. 1-4, S. 357.

[18] John Sheahan, »Development Dichotomies and Economic Development Strategy«, in: Simon Teitel, ed., Toward A New Development strategy for Latin America. Washington, DC: Inter-American Development Bank, 1992, S. 53.

chen Merkmalen des staatlich geförderten Kapitalismus gekennzeichnet wie die übrigen Teile des Südens auch: einer aktivistischen Regierung, die in Schlüsselgebiete der Wirtschaft intervenierte, Schwerpunktsetzung auf Industrialisierung, um dem Schicksal zu entkommen, bloß Produzenten von landwirtschaftlichen Erzeugnissen oder Rohstoffen zu sein, Schutz des Binnenmarktes vor der ausländischen Konkurrenz und strengen Kontrollen von Auslandsinvestitionen. Die wichtigsten ost- und südostasiatischen Wirtschaften unterschieden sich von anderen Wirtschaften des Südens insofern, als ein relativ starker Staat vorhanden war, der es vermochte, die lokalen Eliten zu disziplinieren, im Denken der staatlichen Eliten eine entwicklungsfördernde Politik zu verankern und aggressive merkantilistische Maßnahmen mit dem Ziel zu verfolgen, Märkte in den Ländern der Ersten Welt, vor allem in den USA, zu erobern.

Der Frontstatus dieser so genannten Schwellenländer im Asien des Kalten Krieges hatte dafür gesorgt, dass Washington viele ihrer Abweichungen vom Ideal des freien Marktes wohlwollend übersah. Aber als sich der Kalte Krieg ab Mitte der 1980er Jahre seinem Ende zuneigte, begannen die USA ihre Wirtschaftspolitik gegenüber Ostasien unter dem Vorzeichen der Schaffung eines »fairen Spielfelds« für ihre Konzerne durch Liberalisierung, Deregulierung und weitergehende Privatisierung der asiatischen Märkte neu zu bestimmen.

Dieses neue Ziel verfolgte Washington ab Ende der 1980er und Anfang der 1990er Jahre unter Einsatz verschiedener Mittel. Das japanische Kapital hatte allerdings mit der Umsiedlung vieler Industrieaktivitäten nach Ost- und Südostasien begonnen, um den Verlust an Wettbewerbsfähigkeit im Mutterland Japan infolge der schnellen Aufwertung des Yen nach dem Plaza-Abkommen von 1985 auszugleichen. Der Zugang zu dieser Kapitalquelle versetzte Länder wie Korea, Thailand und Indonesien in die Lage, die ihnen von der Weltbank und dem IWF in den frühen 1980er Jahren, als ihre Wirtschaften von der Schuldenkrise vorübergehend destabilisiert wurden, auferlegten Anforderungen formeller Strukturanpassungsprogramme zu ignorieren. Als Handhabe gegen die immer erfolgreicher werdenden asiatischen »Tiger« blieb den USA im Wesentlichen lediglich das Mittel des Unilateralismus in der Handels- und Finanzdiplomatie.

Dieser Unilateralismus wurde aggressiv verfolgt, zeitweise bis zum Punkt eines de-facto-Handelskriegs. Die Stimmung in Washington fasste ein leitender US-Beamter auf einer Konferenz für Kapitalmärkte in San

Francisco sehr treffend zusammen: »Obwohl man die NICs [New Industrialized Countries] als Tiger betrachten kann, weil sie starke, außerordentlich hartnäckige Händler sind, hat dieser Vergleich auch seine dunklen Seiten. Tiger leben nämlich im Dschungel, unter dem Gesetz des Dschungels. Sie sind eine aussterbende Spezies.«[19]

Zusammen mit der Schützenhilfe des IWF und der Weltbank reichte dieser unilaterale Druck aus, um Schlüsselländer Asiens dazu zu bewegen, ihre Kapitalmärkte zu liberalisieren und den Finanzsektor stärker zu öffnen. Als es aber um die Liberalisierung des Handels ging, blieben die Ergebnisse eher dürftig, mit Ausnahme vielleicht von Südkorea, dessen Handelsüberschuss gegenüber den USA sich schon Anfang der 1980er Jahre in ein Handelsdefizit verwandelt hatte. Aber auch diese Entwicklung änderte nichts an der Beurteilung Koreas durch den US-Handelsvertreter als »eines der schwierigsten Pflaster auf der ganzen Welt für Geschäftsabschlüsse«.[20] Was die südostasiatischen Länder betrifft, schätzte Washington, dass sie ihre Kapitalmärkte und Finanzsektoren liberalisiert haben mochten, sie aber nach wie vor eine hochprotektionistische Handelspolitik und ein gefährliches Spiel mit »handelsverzerrenden« Industriepraktiken trieben, so z.B. Malaysia mit seinem nationalen Automobilprojekt Proton Saga oder Indonesien bei seinen Anstrengungen, eine zivile Luftfahrtindustrie aufzubauen.

Die von Washington und den Institutionen von Bretton Woods geforderte willkürliche Liberalisierung der Finanzmärkte zog zusammen mit den hohen Zinsen und den festen Wechselkursen, die die Finanzbehörden vor Ort bevorzugten, massive Zuflüsse ausländischen Kapitals in die Region an. Diese Liberalisierung diente aber 1997 auch als breite Autobahn in die umgekehrte Richtung: In kürzester Zeit ergriffen 100 Milliarden Dollar die Flucht als Reaktion auf auftretende Ungleichgewichte wie den Zusammenbruch des Immobilienmarktes und wachsende Leistungsbilanzdefizite infolge von Überinvestitionen und ungebremsten Kapitalzuflüssen.

Eine überaus günstige Gelegenheit, der US-Agenda zum Durchbruch zu verhelfen, ergab sich mit der Finanzkrise, die Washington unter dem Banner der freien Marktreform ohne Zögern restlos ausschlachtete. Die

---

[19] David Mulford, »Remarks before the Asia-Pacific Capital Markets Conference« San Francisco, Nov. 17, 1987.

[20] Aussage des Botschafters Charlene Barshefsky, US-Handelsvertreter, vor dem Unterausschuss Ways and Means Trade Subcommittee, US Congress, Feb. 24, 1998.

Zurückdrängung des Protektionismus und der aktiven Staatsintervention war fester Bestandteil der vom IWF den wichtigsten Krisenstaaten Indonesien, Thailand und Südkorea auferlegten Stabilisierungsprogramme.

In Thailand willigten die örtlichen Behörden ein in die Aufhebung aller Beschränkungen für ausländischen Besitz an thailändischen Finanzgesellschaften, in die beschleunigte Privatisierung staatlicher Unternehmen und in die Neufassung der Konkursvorschriften entlang von Richtlinien, die die ausländischen Gläubiger des Landes forderten. Wie der US-Handelsvertreter dem Kongress erklärte, erhoffte man sich von »den Selbstverpflichtungen [der Thai-Regierung], die öffentlichen Unternehmen neu zu strukturieren und die Privatisierung bestimmter Schlüsselsektoren zu beschleunigen – darunter Energie, Transportwesen, kommunale Versorgungsunternehmen und Telekommunikation –, sowie einen Schub für marktgetriebenen Wettbewerb und Deregulierung, was neue Betätigungsfelder für US-Firmen eröffnen wird.«[21]

Der US-Handelsvertreter in Indonesien hob hervor, dass die vom IWF gestellten Bedingungen für die Gewährung eines massiven Stabilisierungspakets auf Praktiken abzielten, »die seit langem Gegenstand der bilateralen Handelspolitik dieser [Clintons] Regierung sind ... Besonders beachtenswert in diesem Zusammenhang ist die Selbstverpflichtung Indonesiens, Steuer-, Zoll- und Kreditprivilegien für das nationale Automobilprojekt abzuschaffen. Darüber hinaus hat sich das IWF-Programm eine tiefgreifende Reform der indonesischen Handels- und Investitionspolitik auf die Fahne geschrieben, wie das Luftfahrtprojekt, Monopole und restriktive Handelspraktiken auf dem Binnenmarkt, die den Wettbewerb durch Zugangsbeschränkungen für ausländische Güter und Dienstleistungen ersticken.«[22]

Das nationale Automobilprojekt und die geplante Errichtung einer zivilen Luftfahrtindustrie waren Vorhaben der Industriepolitik, die auf starke Missbilligung seitens Detroits bzw. Boeings stießen.

Im Fall Südkorea versuchten das US-Finanzministerium und der IWF nicht einmal, ihre enge Arbeitsbeziehung – wobei letzterem eindeutig die untergeordnete Rolle zukam – zu verheimlichen. Es überrascht nicht, wenn die von den Koreanern gemachten Zugeständnisse – darunter die Erhö-

---

[21] Ebd.
[22] Ebd.

hung des Limits für Aktienbesitz in ausländischer Hand auf 55%, die Erlaubnis für die Gründung ausländischer Finanzinstitutionen, die vollständige Liberalisierung des Finanz- und Kapitalmarktes, die Abschaffung des Einstufungssystems für Autos und die Zustimmung zur Einstellung regierungsgelenkter Kreditvergaben für industriepolitische Zwecke – ein Eins-zu-Eins-Abbild der bilateralen Politik der USA gegenüber Korea zur Zeit vor der Krise darstellten. Der US-Handelsvertreter sagte unumwunden vor US-Kongressabgeordneten: »Die mehr von der Politik als vom Markt gelenkte Wirtschaft in Korea bedeutete viele spezifische strukturelle Handels-, Investitions- und Wettbewerbshemmnisse für die US-Industrie. So hielt Korea Einschränkungen für ausländisches Eigentum und Betätigungen aufrecht und hatte eine Liste von Hindernissen für den Marktzugang ... Der mit dem IWF im Dezember 1997 ausgehandelte Stabilisierungspakt sollte Korea durch die Schaffung von mehr Marktmechanismen in der Wirtschaft einem verstärkten Wettbewerb öffnen... Wenn es auf dem Pfad der Reformen bleibt, werden nicht nur Korea, sondern auch die Vereinigten Staaten großen Nutzen daraus ziehen.«[23]

Washingtons strategisches Ziel zusammenfassend, sagte Jeff Garten, Staatssekretär für Handel während Präsident Bill Clintons erster Amtsperiode: »Die meisten dieser Länder durchqueren einen tiefen, schwarzen Tunnel... Am anderen Ende winkt aber ein ganz anderes Asien, in dem amerikanische Firmen eine wesentlich stärkere Marktpräsenz und leichteren Zugang erzielt haben werden.«[24] Ab 1998 kauften transnationale Konzerne und amerikanische Finanzfirmen von Seoul bis Bangkok asiatische Anteile zu Schleuderpreisen auf.

Die erneute Unterwerfung des Südens III: Die Demontage des UN-Entwicklungssystems

Dieser Frontalangriff auf die NICs mittels IWF-Stabilisierungsprogrammen und auf den Süden im Allgemeinen mit Hilfe von Strukturanpassungen im Rahmen des Bretton-Woods-Systems wurde flankiert durch eine groß angelegte Offensive, um die Vereinten Nationen als Vehikel für die

---

[23] Ebd.

[24] Zitiert nach »Worsening Financial Flu Lowers Immunity to US Business«. The New York Times, Feb. 1, 1998.

Agenda des Südens zu schwächen. Mit dem Kassenschlüssel fest in der Hand gingen die Vereinigten Staaten, die für 20-25% des UN-Budgets aufkommen, dazu über, die Rhetorik von der Neuen Weltwirtschaftsordnung in allen zentralen, mit der Nord-Süd-Kluft befassten UN-Institutionen verstummen zu lassen: im UN-Wirtschafts- und Sozialrat (Ecosoc), beim UN-Entwicklungsprogramm und in der Generalversammlung. Der Druck der USA bewirkte auch das faktische Ende des UN-Zentrums für transnationale Unternehmen, dessen sorgfältige Verfolgung der Aktivitäten der TNUs [Trans-National Corporations] im Süden deren Zorn erregt hatte. Abgeschafft wurde auch der Posten des Generaldirektors für internationale Wirtschaftskooperation und Entwicklung und damit »einer der wenigen konkreten Erfolge, und ganz sicher der beachtenswerteste, der Anstrengungen der Entwicklungsländer während der Verhandlungen über eine Neue Weltwirtschaftsordnung, eine stärkere Präsenz in den UN zur Förderung internationaler Wirtschaftskooperation und Entwicklung zu erreichen«.[25]

Die Gegenoffensive des Nordens zielte allerdings in erster Linie auf die Schwächung, wenn nicht gar die Abschaffung der Unctad. Nach seiner Einlenkung während der Unctad-IV-Verhandlungen von 1976 in Nairobi, als er der Schaffung eines Preisstabilisierungsmechanismus für Waren, dem Integrierten Rohstoffprogramm, zugestimmt hatte, verweigerte sich der Norden während Unctad V in Belgrad dem Schuldenerlassprogramm und anderen Maßnahmen des Südens. Diese zielten darauf ab, die Dritte-Welt-Wirtschaften neu zu beleben und damit zu einer globalen Erholung zur Zeit einer weltweiten Rezession beizutragen.[26] Die nördliche Offensive eskalierte während der Unctad VIII von 1992 in Cartagena. Auf diesem entscheidenden Gipfel gelang es dem Norden, in den Diskussionsrunden jeden Bezug der Unctad zu der Uruguay-Verhandlungsrunde über GATT zu unterbinden und die Verhandlungsbefugnisse der Unctad so weit auszuhöhlen, dass ihre Existenz an sich in Frage gestellt wurde.[27] Die Aufgabe der Unctad sollte sich in Zukunft hauptsäch-

---

[25] »The UN's Neglected Brief«, S. 43.

[26] South Commission, The Challenge to the South. New York: Oxford University Press, 1991, S. 217.

[27] Myriam van der Stichele, »World Trade – Free Trade for Whom, Fair for Whom?«, in: Erskine Childers, Challenges to the UN, New York: St. Martin's Press, S. 69.

lich auf »Analysen, Konsensbildung in einigen Handelsfragen und technische Hilfen« beschränken.[28]

Die Welthandelsorganisation: Die dritte Säule des Systems

Unctad hat überlebt, allerdings nur als leere Hülle, im Schatten der WTO, die nach der Unterzeichnung des Abkommens von Marrakesch im April 1994 ins Leben gerufen wurde. Das Abkommen setzte die während der achtjährigen Uruguay-Runde des Allgemeinen Zoll- und Handelsabkommens (GATT) getroffenen Vereinbarungen in Kraft. Die Geburtsstunde der WTO hatte 46 Jahre auf sich warten lassen, denn ursprünglich war sie von liberalen Internationalisten in den USA und Großbritannien als dritte Säule des Bretton-Woods-Systems vorgesehen, wobei sie für den Handel eine ähnliche Rolle wie der IWF für die Finanzwirtschaft und die Weltbank für den wirtschaftlichen Wiederaufbau spielen sollte. Die Gründung einer globalen Handelsorganisation unter dem Namen International Trade Organization (ITO) war für 1948 geplant, aber aufgrund der drohenden Nichtratifizierung seitens unilateralistischer Kräfte im US-Senat ließ die defensive Truman-Regierung das Projekt zugunsten des viel bescheideneren GATT fallen.

Handelsrivalitäten mit Europa und Japan sowie steigende Importe aus Ländern der Dritten Welt gekoppelt mit dem Frust angesichts der eigenen Unfähigkeit, US-Gütern einen stärkeren Zugang zu südlichen Märkten zu verschaffen, und auch das Aufkommen neuer Konkurrenten in Gestalt der ostasiatischen NICs ab Mitte der 1980er Jahre machten aus den USA einen glühenden Verfechter eines wesentlich erweiterten GATT mit realer Vollstreckungsgewalt. Die Gründung der WTO war von dem Doppelmotiv diktiert, den Handelswettkampf unter den führenden Industrienationen in den Griff zu bekommen bei gleichzeitiger Eindämmung der Gefahr, die der Süden für das vorherrschende globale Wirtschaftsgefüge darstellte.

In diesem Sinn muss die WTO als Fortsetzung bzw. Erweiterung der nördlichen Reaktion gesehen werden, die auch hinter der Strukturanpassung steckte. Während sie die strukturelle Hegemonie des gesamten Nor-

[28] »South Decries Move to Close UNCTAD, UNIDO«, Third World Resurgence, No. 56, S. 41.

dens verstärkte, diente sie insbesondere den Interessen der bedeutendsten Wirtschaftsmacht der Welt. Das wird klar, wenn man die Umstände ihrer Entstehung genauer untersucht.

Der Welthandel konnte zwischen 1948 und 1997 auch ohne die WTO um das Siebzehnfache expandieren, nämlich von 124 Milliarden auf knapp 2.108 Milliarden Dollar.[29] Diese Erweiterung vollzog sich unter dem flexiblen Regime des Allgemeinen Zoll- und Handelsabkommens (GATT). Die Gründung der WTO im Jahr 1995 war keine Reaktion auf einen etwaigen Zusammenbruch oder eine Krise des Welthandels, wie es sie in den 1930er Jahren gegeben hatte. Sie war auch nicht für den Weltfrieden erforderlich, da in dieser Zeit kein Welt- oder Handelskrieg geführt wurde. In den sieben wichtigsten zwischenstaatlichen Kriegen dieser Periode – im Koreakrieg von 1950 bis 53, im Vietnamkrieg von 1945 bis 75, in der Suez-Krise von 1956, in den Arabisch-Israelischen Kriegen von 1967 und 1973, im Falkland-Krieg von 1982 und im Golfkrieg von 1990 – spielten Handelskonflikte überhaupt keine Rolle.

Ganz im Gegenteil, das GATT war ein ziemlich effektiver Rahmen für die Liberalisierung des Welthandels. Sein System für die Beilegung von Streitigkeiten war flexibel und seine Anerkennung des »speziellen und unterschiedlichen Status« der Entwicklungsländer schuf einen Raum in der globalen Wirtschaft, in dem Dritte-Welt-Länder die Handelspolitik zum Zweck der Entwicklung und der Industrialisierung einsetzen konnten.

Warum wurde die WTO nach der Uruguay-Runde von 1986 bis 1994 gegründet? Unter den wichtigsten Handelsmächten nahm Japan eine sehr ambivalente Haltung ein, da es um den Schutz seiner Landwirtschaft und seines besonderen Systems der Industrieproduktion besorgt war, das durch formelle und informelle Mechanismen den einheimischen Produzenten ein Vorrecht auf die Ausbeutung des Inlandmarktes verschaffte. Die Europäische Union (EU), bereits auf halbem Weg zu einem autarken Handelsblock, war sich bewusst, dass ihr System der hohen Beihilfen für die Landwirtschaft unter Beschuss geraten würde, und nahm daher ebenfalls eine sehr ambivalente Haltung ein. Die Entwicklungsländer ihrerseits forderten zwar eine breitere Öffnung der nördlichen Wirtschaften für ihre Industrie- und landwirtschaftlichen Erzeugnisse, glaubten aber nicht, dass

[29] Zahlen aus World Trade Organization, Annual Report 1998: International Trade Statistics. Geneva: WTO, 1998, S. 12.

dies durch eine allumfassende, von einer mächtigen Handelsbürokratie durchgesetzte Vereinbarung zu erreichen wäre, sondern vielmehr durch Einzelverhandlungen und -vereinbarungen nach dem Modell des Integrierten Rohstoffprogramms (IRP) und dem unter der Schirmherrschaft der UN-Konferenz für Handel und Entwicklung (Unctad) in den späten 1970er Jahren vereinbarten Preisstabilisierungsfonds.

Die Gründung der WTO diente in erster Linie den Interessen der Vereinigten Staaten. Es waren die USA, die 1948 die Gründung der Internationalen Handelsorganisation (ITO) blockiert hatten, als sie der Meinung waren, dass damit ihrer überwältigenden wirtschaftlichen Dominanz in der Nachkriegswelt nicht gedient sei. Und die USA waren es auch, die in den späten 1980er und frühen 1990er Jahren zum eifrigsten Lobbyisten für die allumfassende Uruguay-Runde und die Gründung der WTO wurden, als sie zu der Sichtweise gelangten, dass die Bedingungen eines verschärften globalen Wettbewerbs nun vor dem Hintergrund ihrer Geschäftsinteressen genau den entgegengesetzten Standpunkt erforderten.

So wie die Drohung der USA in den 1950er Jahren, das GATT zu verlassen, wenn ihnen die eigenen Schutzmechanismen für Milch und weitere landwirtschaftliche Erzeugnisse streitig gemacht würden, dazu führte, dass der Handel mit landwirtschaftlichen Erzeugnissen von den GATT-Regeln ausgenommen wurde, so war der Druck der USA 1995 entscheidend für die Aufnahme der Landwirtschaft in das GATT-WTO-System. Den Grund für Washingtons Meinungswechsel nannte der damalige amerikanische Landwirtschaftsminister John Block zu Beginn der Uruguay-Runde 1986 ganz unverblümt: »Die Vorstellung, dass Entwicklungsländer sich selber ernähren sollten, ist ein Anachronismus aus einer vergangenen Zeit. Sie könnten ihre Versorgung mit Nahrungsmitteln besser sicherstellen, wenn sie auf landwirtschaftliche Güter aus den USA zurückgreifen, die in den meisten Fällen zu viel niedrigeren Kosten erhältlich sind.«[30] Washington hatte dabei nicht nur die Märkte von Entwicklungsländern im Visier, sondern auch Japan, Südkorea und die EU.

Es waren vor allem die USA, die darauf drängten, Dienstleistungen unter die Hoheit der WTO zu stellen, da sie die Lage so beurteilten, dass auf dem jungen, entwicklungsträchtigen Gebiet internationaler Dienstleistungen, insbesondere Finanzdienstleistungen, ihre Unternehmen ei-

---

[30] Zitiert nach »Cakes and Caviar: The Dunkel Draft and Third World Agriculture«, Ecologist, Vol. 23, No. 6 (November-December 1993), S. 220.

nen Vorsprung hätten, den es zu bewahren gelte. Es waren auch die USA, die darauf drängten, die Zuständigkeit der WTO auf »handelsbezogene Investitionsmaßnahmen« (Trade-Related Investment Measures – Trims) und »handelsbezogene geistige Eigentumsrechte« (Trade-Related Intellectual Property Rights – Trips) zu erweitern. Mit Trims sollten Beschränkungen des grenzüberschreitenden Handels mit Komponenten unter den Tochtergesellschaften ein und desselben transnationalen Unternehmens (TNU) aufgehoben werden, die von Entwicklungsländern verfügt worden waren, um die heimischen Industrien zu fördern; mit Trips sollte der Vorsprung der USA in den modernsten wissensintensiven Industrien konsolidiert werden.

Und nach den frustrierenden Erfahrungen mit den in den Augen von US-Handelsbeamten schwachen Anstrengungen des GATT, für die USA günstige Regelungen durchzusetzen, waren es auch die USA, die die Schaffung des mächtigen Konfliktlösungs- und Durchsetzungsmechanismus der WTO erzwangen. Washingtons führender Akademiker in Handelsfragen, C. Fred Bergsten, Leiter des Instituts für Weltwirtschaft, sagte dem Senat, dass der wirksame Konfliktlösungs- und Durchsetzungsmechanismus der WTO den amerikanischen Interessen diene, weil »wir jetzt das volle Gewicht der internationalen Maschinerie in die Waagschale werfen können, um all diese Handelsbarrieren in Angriff zu nehmen, sie zu reduzieren und zu eliminieren«.[31]

Zusammenfassend war es Washingtons sich verändernde Sichtweise der Bedürfnisse ihrer Interessengruppen aus der Wirtschaft, die das internationale Handelsregime gestaltete und umstrukturierte. Hinter der Gründung der WTO im Jahr 1995 stand keineswegs ein globales Bedürfnis, sondern vielmehr die Einschätzung der Vereinigten Staaten, dass die Interessen ihrer Konzerne vom losen und flexiblen GATT nicht mehr bedient würden und dass stattdessen eine allmächtige und umfassende WTO gebraucht würde. Angefangen mit dem ihr zugrunde liegenden Paradigma des freien Marktes über die in den verschiedenen Vereinbarungen der Uruguay-Runde festgeschriebenen Durchführungsbestimmungen bis hin zu ihrem System der Entscheidungsfindung und der Rechenschaftslegung wurde die WTO sogar von vielen Europäern und Japanern als Blaupause für die globale Hegemonie der amerikanischen Geschäftswelt angesehen.

[31] C. Fred Bergsten, Director, Institute for International Economics, Aussage vor dem US-Senat, Washington, DC, Oct. 13, 1994.

Sie war bestrebt, die vielen Vorteile der US-Konzerne zu institutionalisieren.

Die Gruppe der Sieben: eine internationale Leitzentrale?

Die Einrichtungen von Bretton Woods und GATT-WTO boten den reichen Ländern unter Führung der Vereinigten Staaten eine umfassende Struktur multilateraler Kontrolle über die globale Wirtschaft. Die Schaffung eines »Konsenses« unter den herrschenden Mächten war allerdings eine Aufgabe, die von den drei Institutionen, in denen die höchsten Vertreter der nationalen Regierungen in den Bürokratien ihrer jeweiligen Heimatländer Posten weit unter dem Rang eines Ministers innehatten, nicht adäquat erfüllt wurde. Die Notwendigkeit, eine breit angelegte Strategie und gemeinsame Politik unter den führenden Ländern zu erarbeiten, war der Beweggrund für die Gründung der Gruppe der Sieben. 1975 auf einem relativ kleinen Gipfel der führenden Industrienationen in Rambouillet, Frankreich, ins Leben gerufen, kommt die G7 – nach der Einbeziehung des postsowjetischen Russlands mittlerweile die G8 – »einer Leitstelle für die globale Wirtschaft am nächsten«.[32]

Das jährliche Gipfeltreffen war und ist der Höhepunkt des G7-Prozesses und wurde im Laufe der Jahre zu einem immer prunkvolleren Event, an dem so viele und so große Regierungsdelegationen teilnahmen, dass die Gesamtteilnehmerzahl in die Tausende ging.[33] Während die Zusammenkünfte der Staatsoberhäupter im Mittelpunkt des medialen Interesses standen, waren die im Vorfeld stattfindenden Treffen der Finanzminister womöglich mindestens ebenso bedeutend für die Ausarbeitung einer gemeinsamen Strategie. Neben diesen beiden Konferenzen fand »das ganze Jahr über eine bürokratische Koordinierung im Stillen statt«.[34]

In den ersten Jahren entwickelte sich die G7 hauptsächlich als Forum für Diskussionen und die zwanglose Koordinierung der makroökonomischen Entscheidungen der reichen Länder, die, unter Vermeidung der

---

[32] Commission on Global Governance, Our Global Neighborhood. Oxford: Oxford University Press, 1995, S. 154.

[33] Financial Times, July 23, 2001.

[34] Mahbub ul Haq, »The Case for an Economic Security Council«, in: Albert Pasolini et al., Between Sovereignty and Global Governance. New York: St. Martins Press, 1998, S. 230.

doppelten Gefahr einer hohen Inflation auf der einen und einer tiefen Rezession auf der anderen Seite, einen stabilen Wachstumskurs anstrebten. Dabei konnten sie einige Erfolge verbuchen – unter anderem verhinderten sie eine globale Deflation infolge des Börsencrashs von 1987, indem sie die monetäre Politik der entwickelten Länder koordinierten.[35]

Aber sogar zu ihren besten Zeiten wurde die G7 dafür kritisiert, wie wenig sie den Entwicklungsländern zu bieten hatte. Ein Wirtschaftsexperte drückte es so aus: »Die Fragen, mit denen sich die G7 in der Regel beschäftigt, beschränken sich auf ein eingeengtes Feld makroökonomischen Managements in erster Linie im monetären und finanztechnischen Bereich. Weder erwägt noch beschließt sie irgendwelche weitreichenden Entscheidungen zu den dringendsten Problemen, von denen die Welt als Ganze betroffen ist, wie etwa Bevölkerungswachstum, Umweltzerstörung, Drogenhandel, Flüchtlingsströme, Ernährung, Überlebenschancen von Kindern, Stärkung der Rechte der Frauen oder menschliche Entwicklung.«[36]

Es war jedoch ihre absolute Exklusivität und Nicht-Repräsentativität, die sogar in liberalen Kreisen die schärfste Kritik hervorrief. Die Kommission über Weltinnenpolitik (Commission on Global Governance) beispielsweise rügte die Tatsache, dass die G7 »lediglich 12% Prozent der Weltbevölkerung repräsentiert. Durch den Ausschluss Chinas und Indiens kann sie nicht einmal mehr für sich in Anspruch nehmen, die größten Wirtschaftsmächte zu repräsentieren. Die Entwicklungsprobleme, mit denen ein Großteil der Menschheit konfrontiert ist, stehen ganz unten auf ihrer Tagesordnung. In den kommenden Jahrzehnten wird diese Diskrepanz noch anachronistischer wirken, wenn Nicht-OECD-Länder, die einen großen und wachsenden Anteil an der Weltwirtschaft ausmachen, keine Vertretung in der wichtigsten Körperschaft haben, die einen Überblick über internationale Wirtschaftsfragen hat.«[37]

---

[35] Commission on Global Governance, S. 154.
[36] Mahbub ul Haq, a.a.O.
[37] Commission on Global Governance, ibid.

Entscheidungsstrukturen der multilateralen Organisationen

Wenn die Entwicklungsländer durch die Politik der Bretton-Woods-Institutionen und der Welthandelsorganisation benachteiligt wurden und werden, dann liegt dies zum großen Teil an ihrer Marginalisierung in den formellen Entscheidungsstrukturen dieser Körperschaften. Eine Analyse der globalen Strukturpolitik bliebe ohne einen Blick auf diese Strukturen unvollständig, wenn auch nur um zu zeigen, wie globale Wirtschaftslenkung nicht aussehen sollte.

Die Weltbank

Ein Bericht des US-Finanzministeriums in den frühen 1980er Jahren spiegelte die von den USA insbesondere in der Weltbank ausgeübte Vorherrschaft wider: »Die USA spielten eine Schlüsselrolle bei der Gestaltung der Weltbank und der Festlegung ihres Auftrags entlang westlichen, marktorientierten Linien... Wir waren auch verantwortlich ... für die Entstehung einer übergreifenden Körperschaft mit einem Direktorium mit Mehrfachstimmrecht, an deren Spitze ein amerikanisch dominiertes, hochkarätiges Management und gut qualifizierte Fachkräfte stehen. Als Gründungsmitglied und wichtigster Teilhaber sicherten sich die USA als einzige einen permanenten Sitz im Direktorium der Bank.«[38]

Die formelle Entscheidungsgewalt der einzelnen Länder verhält sich proportional zur Größe ihrer Kapitalanteile. Der US-Anteil von 42% im Jahr 1946, als die Bank ihre Geschäfte aufnahm, ist zwar drastisch auf 17,6% zurückgegangen, liegt aber immer noch über der kritischen Marke von 15%, die für ein Veto gegen wichtige Kreditentscheidungen erforderlich ist. Die USA lassen sich ihre Rolle als wichtigster Anteilseigner nicht streitig machen. Obwohl Japan sich seit einiger Zeit sehr um einen größeren Kapitalanteil bemüht, ist es den USA gelungen, Japans Anteil und Stimmberechtigung auf acht Prozent zu beschränken.

Die formale Macht wird noch von informellen Mechanismen flankiert. »Traditionsgemäß« ist der Bankpräsident immer ein von der US-Regierung ernannter amerikanischer Staatsbürger, und der Standort der Bank in Washington DC öffnet dem US-Finanzministerium einen erleichter-

---

[38] US-Finanzministerium, Assessment of US Participation in the Multilateral Development Banks in the 1980's. Washington, DC: US Treasury Dept., 1982, Kap.3, S. 1.

ten Zugang zu ihr und sorgt mit dafür, dass US-Staatsbürger ein Viertel aller leitenden Angestellten und höheren Fachkräfte stellen.[39]

Formelle und informelle Mechanismen schaffen eine Situation, in der die »übrigen bedeutenden Akteure – das Management, große Geldgeber und -empfänger – die Vereinigten Staaten als eine gewichtige Stimme in den [multilateralen Entwicklungs-]Banken anerkannt haben. Aus Erfahrung wissen sie, dass wir fähig und willens sind, in den Banken wichtige Zielsetzungen mit Hilfe der uns zur Verfügung stehenden finanziellen und politischen Mittel zu verfolgen.«[40] Eine Untersuchung der 14 »wichtigsten Fragen«, die Anlass für Kontroversen in der Bank waren – von der Entscheidung, der Palästinensischen Befreiungsorganisation PLO keinen Beobachterstatus einzuräumen, bis hin zur Vorenthaltung von Bankhilfen für Vietnam und Afghanistan –, ergab, dass die Vereinigten Staaten in zwölf Fällen ihre Sichtweise zur Handlungsrichtlinie der Bank machen konnten.[41]

Die Weltbank ist in den Augen des US-Finanzministeriums ein wichtiger Arm der US-Globalpolitik. In der Tat: »Weder bilaterale Hilfen noch Zuflüsse aus dem privaten Sektor sind, wenn überhaupt vorhanden, so effektiv bei der Einflussnahme auf weniger entwickelte Länder wie die multilateralen Entwicklungsbanken.«[42] Eine Analyse des Forschungsdienstes des US-Kongresses drückte es so aus, dass aus US-Sicht der Vorteil der Weltbank und anderer multilateraler Entwicklungsbanken darin besteht, dass sie »die schwierige Aufgabe, von ihren Kreditnehmern Leistungsstandards abzuverlangen, erledigen, eine Aufgabe, die die Vereinigten Staaten und andere Kreditgeber im Rahmen von bilateralen Verhandlungen möglicherweise nur ungern auf sich nehmen.«[43] Ein typisches Beispiel führte der ehemalige stellvertretende Finanzminister Peter McPherson an, der in Bezug auf die Philippinen bemerkte: »Wir selbst hatten keine besonderen Erfolge, als es darum ging, die Philippinen zu einem Kurswechsel zu bewegen. Weil sie den Ruf einer unvoreingenom-

[39] Richard Feinberg, »An Open Letter to the World Bank's New President«, in: Richard Feinberg et al. (Hrsg)., Between Two Worlds: the World Bank's Next Decade. New Brunswick, NJ: Transaction Books, 1986, S. 2.

[40] US Treasury Department, Kap. 3, S. 2.

[41] Ebd., Kap. 3.

[42] Ebd. Kap. 2, S. 18.

[43] Congressional Research Service, The United States and the Multilateral Development Banks. Washington, DC: US Government Printing Office, 1974, S. 5.

menen Partei genießt, war die Weltbank ihrerseits außerordentlich erfolgreich beim Aushandeln wichtiger Richtungsänderungen, die ganz in unserem Sinne waren.«[44]

Der Internationale Währungsfonds

Wie im Fall der Weltbank dominieren die entwickelten Wirtschaften auch den Internationalen Währungsfonds (IWF), wobei der Stimmanteil der fünf größten Wirtschaften im Gouverneursrat sich auf 45,47% summiert, wovon allein auf die USA 19% entfallen. Da andere reiche Länder weitere 21,42% der Stimmen auf sich vereinen, haben die entwickelten Länder als Gruppe von der Stimmenverteilung her die Macht, alle Entscheidungen, die einer Mehrheit bedürfen, zu blockieren. Als Reaktion auf die Forderung der Entwicklungsländer, ein gewichtigeres Wort bei Entscheidungen zu haben, boxten die entwickelten Länder den Zweiten Zusatz zu den Vereinbarungen durch. Darin werden 53 Kategorien von Einzelentscheidungen festgehalten, die Supermehrheiten von 70 bis 85% erfordern, womit Untergruppen der »entwickelten Länder die Möglichkeit erhalten, Entscheidungen, die Mehrheiten von 70 bis 85% erfordern, zu blockieren«.[45]

Das Sondergewicht vor allem der USA wurde durch die Schaffung neuer Regeln sorgfältig geschützt – ein Vorgang, den Richard Leaver und Leonard Seabroke in einem Artikel detailliert beschreiben. Anfang der 1970er Jahre näherte sich der Stimmenanteil der USA, der zuvor noch 30% betragen hatte, rasch der 20%-Schwelle für Sonderentscheidungsrechte. Zugleich strebten Japan und andere Länder eine Anpassung ihres Stimmenanteils entsprechend ihrem gestiegenen Gewicht in der Weltwirtschaft an. Das war allerdings etwas, das »Washington nicht bereit war zu tolerieren«.

Es schob die Überprüfung der prozentualen Beteiligung am Fonds auf die lange Bank. Schließlich wurde dann doch ein Deal mit den Japanern und den Europäern geschlossen. Der Stimmenanteil der US wurde tatsächlich auf 19% reduziert, die erforderliche Supermehrheit für »Sonderentscheidungen« zugleich aber auf 85% hochgepuscht. Dieser außeror-

[44] Zitiert nach Walden Bello, »The Role of the World Bank…«, S. 22.

[45] Joseph Gold, zitiert nach: Mark Zacher, »Redesigning the International Financial Architecture: Voting Power and Power Sharing in the IMF«, Beitrag für die Conference on the International Financial Architecture, Center for Global Studies, University of Victoria, British Columbia, 29.-30. Aug. 2001.

dentliche Doppelpass war ein Präzedenzfall für einen ähnlichen Deal in den Reihen der Weltbank zehn Jahre später, mit dem die zentralen Parameter für die Machtverteilung im IWF für die Dauer der lateinamerikanischen und asiatischen Schuldenkrise festgelegt wurden.[46]

Der Demokratie wird auch dadurch ein schlechter Dienst erwiesen, dass der IWF extrem intransparent ist: Die Mitglieder haben zwar Stimmrecht, formelle Abstimmungen im Exekutivdirektorium und im Gouverneursrat sind allerdings »ein relativ seltenes Ereignis«.[47] Die amerikanische geschäftsführende Direktorin für fast die gesamte Dauer der Clinton-Regierung enthüllte beispielsweise, dass das Direktorium während ihrer Amtszeit nur etwa ein Dutzend von insgesamt 2.000 Entscheidungen per Abstimmung in die Wege leitete. Stattdessen wurden die meisten Entscheidungen durch eine Art Konsens getroffen.

Der Konsens trägt so, wie er vom Fonds praktiziert wird, völlig undemokratische Züge. Er dient lediglich dazu, die ungleichen Machtverhältnisse zu vertuschen, die ans Tageslicht treten würden, sollte es zu einer formellen Abstimmung kommen. Wie Ngaire Wood anmerkt, beruht dies auf der Tatsache, dass »der formellen Macht auch eine informelle zugrunde liegt, derer sich alle Sitzungsteilnehmer sehr wohl bewusst sind«.[48] Darüber hinaus ist es für Staaten und NGOs, die an bestimmten Beratungen nicht teilnehmen können, anschließend sehr schwer nachzuvollziehen, »was überhaupt vor sich ging, ein Umstand, der die Transparenz und die Rechenschaftspflicht stark untergräbt«.[49]

Obwohl traditionsgemäß ein Europäer den Vorsitz im IWF innehat, ist dieser dem US-Finanzministerium außerordentlich gefügig. Während der Rettungsaktionen für Mexiko 1994-95 und die südostasiatischen Länder 1997 betrachten viele den geschäftsführenden Direktor Michel Camdessus als von Finanzminister Robert Rubin und seinen Helfershelfern ferngesteuert, was die New York Times zu der Behauptung veranlasste, der Fonds sei ein »Rechtsvertreter der Vereinigten Staaten«.[50]

---

[46] Richard Leaver und Leonard Seabrooke, »Can the IMF be Reformed?«, in: Walden Bello et al. (Hrsg.), Global Finance. London: Zed Books, 2000, S. 102.

[47] Zamora, zitiert nach Zacher, S. 126.

[48] Zitiert nach Zacher, S. 127.

[49] Ebd., S. 126.

[50] Zitiert nach »20 Questions on the IMF«, Multinational Monitor, April 2000, p. 23.

Es war die Sonderrolle, die der Fonds für Washington innehatte, die es dazu brachte, die von Japan auf dem IWF/Weltbank-Treffen in Hongkong im September 1997 vorgeschlagene Schaffung eines asiatischen Währungsfonds abzulehnen. Der Wirtschaftsexperte Eric Altbach vertritt die These, dass Washingtons entschieden vorgetragene Ablehnung daher rührt, dass die zunehmenden Beschränkungen der Präsidialmacht, bilaterale Finanzmittel für internationale Initiativen zu beschließen, die USA zwängen, »verstärkt auf ihre Sonderstellung innerhalb des IWF zurückzugreifen, um Finanzentscheidungen in Asien beeinflussen zu können. In diesem Kontext wäre ein asiatischer Währungsfonds, in dem Japan eine führende Rolle spielen würde, ein Schlag gegen die Stellung der USA in der Region.«[51]

Die Welthandelsorganisation WTO

Ein Hauptgrund für das Debakel der WTO-Ministerrunde in Seattle im Dezember 1999 war das Fehlen transparenter Entscheidungsstrukturen. Es zirkulierten Geschichten von Ministern aus Entwicklungsländern, die sich darüber beschwerten, sich im Seattle Convention Center verirrt zu haben, auf der Suche nach einem »Grünen Raum«, in dem zentrale Entscheidungen getroffen würden, ohne zu wissen, dass mit »Green Room« nicht ein realer Raum im Versammlungszentrum gemeint war, sondern ein exklusiver Prozess der Entscheidungsfindung.

Während des Ratifizierungsprozesses 1994 porträtierten die Befürworter die neue Handelsorganisation als eine Institution, in der jedes Land eine Stimme habe, die Vereinigten Staaten genauso wie Ruanda, nicht mehr und nicht weniger. In Wirklichkeit wird die WTO nicht demokratisch nach dem Prinzip ein Land/eine Stimme verwaltet, wie die UNO-Vollversammlung, auch nicht nach dem Prinzip eines gewichteten Stimmrechts wie die Weltbank oder der IWF. Zwar ist in der Verfassung der WTO das Prinzip ein Land/eine Stimme verankert, es wird aber das »Konsensprinzip« praktiziert, so wie in ihrer Vorgängerorganisation GATT, die ihre letzte Abstimmung im Jahr 1959 erlebt hatte.

In der Praxis bedeutet Konsens, dass die großen Handelsmächte den schwächeren Ländern ihren Konsens aufzwingen. C. Fred Bergsten, pro-

---

[51] Eric Altbach, »The Asian Monetary Fund Proposal: A Case Study of Japanese Regional Leadership«, Japanese Economic Institute Report, No. 477A, 1997, S. 8-9.

minenter Anhänger der Globalisierung und Leiter des Instituts für Internationale Wirtschaftsbeziehungen (Institute of International Economics), brachte es während der US-Senatsanhörungen zur Ratifizierung des GATT-WTO-Abkommens 1994 auf den Punkt: Die WTO »funktioniert nicht über Wahlen. Sie funktioniert durch vermittelte Übereinstimmung, die – um die Wahrheit zu sagen – von den Vieren, von der Quad-Gruppe, den Vereinigten Staaten, Japan, der Europäischen Union und Kanada, gemanagt werden... Diese Länder müssen ihre Zustimmung geben, wenn gewichtige Entscheidungen anstehen. Aber bitte sehr, keine Abstimmungen.«[52]

Obwohl die Ministerkonferenz und der Allgemeine Rat theoretisch die höchsten Entscheidungsorgane der WTO sind, werden Entscheidungen nicht auf formellen Plenarsitzungen getroffen, sondern auf den erwähnten intransparenten Sitzungen in Hinterzimmern, die unter dem Namen »Green Room« bekannt sind, weil das die Farbe des Raums des Generaldirektors in der WTO-Zentrale in Genf war. Mit ungewöhnlicher Offenheit beschrieb die US-Handelsvertreterin Charlene Barshefsky auf einer Pressekonferenz in Seattle unmittelbar nach dem Zusammenbruch der Ministerrunde die Dynamik des Green Room und ihre Konsequenzen: »Dieser Prozess, der sich selbst in Singapur vor drei Jahren so abspielte, ließ viele außen vor. An allen Treffen waren 20 bis 30 Schlüsselländer beteiligt... Das bedeutet, dass 100 Länder, ja 100, niemals in dem Raum waren... Dies nährte bei ihnen das außerordentlich schlechte Gefühl, dass sie am Prozess nicht beteiligt waren und dass ihnen sogar in Singapur die Ergebnisse von den 25 bis 30 Ländern, die in dem Raum waren, diktiert wurden.«[53]

Barshefsky gab zu, dass »die WTO den für eine frühere Zeit angemessenen Verfahrensregeln entwachsen ist. Eine immer weiter verbreitete und notwendige Sichtweise unter den meisten Mitgliedern ist, dass wir eine Verfahrensweise brauchen mit mehr interner Transparenz und Einbeziehung, um eine größere und verschiedenartigere Mitgliedschaft zufrieden zu stellen.« Der britische Handels- und Industrieminister Stephen Byers unterstützte diesen Kurs: »Die WTO wird in ihrer gegenwärtigen Form nicht weiter bestehen können. Es muss zu einer grundlegenden und radi-

---

[52] Aussage vor dem US Senatsausschuss über Handel, Wissenschaft und Technologie, Washington, DC, 13.10.1994.

[53] Pressekonferenz, Seattle, Washington, 2.12.1999.

kalen Veränderung kommen, damit sie die Bedürfnisse und Hoffnungen aller ihrer 134 Mitglieder erfüllen kann.«[54]

Politische Krise, Legitimitätskrise

Mit der Gründung der WTO scheint der Neoliberalismus, beziehungsweise der grandios betitelte »Washingtoner Konsens«, ab Mitte der 1990er Jahre alle in seinen Sog gerissen zu haben. Wie einer ihrer wichtigsten Anhänger rückblickend und etwas nostalgisch anmerkte, »schien der Washington Konsens auf beinahe universelle Zustimmung zu stoßen; er lieferte eine Leitideologie und den grundlegenden intellektuellen Konsens für die Weltwirtschaft, was ein ziemlich neues Phänomen in der neueren Geschichte war.«[55] Weniger als fünf Jahre später lag dieser Konsens in Scherben, und die Schlüsseleinrichtungen der globalen Weltordnung, auf denen er beruhte, litten unter einer ernsthaften Legitimitätskrise.

Das Stalingrad des IWF

Wenn von irgendeinem Ereignis behauptet werden kann, zur Untergrabung der Legitimität des IWF beigetragen zu haben, dann war es die asiatische Finanzkrise, deren Hinterlassenschaft an zusammengebrochenen Finanzsystemen, bankrotten Konzernen sowie wachsender Armut und Ungleichheit die Region nach wie vor plagt. Man könnte sagen, dass die asiatische Finanzkrise das Stalingrad des IWF war. Auch wenn Metaphern bekanntlich Grenzen haben: Der IWF agierte während der Asien-Finanzkrise wie die deutsche Sechste Armee, die auf dem Weg ins Desaster von einem Fehler in den nächsten tappte.

Es war der IWF, seinerseits angetrieben vom US-Finanzministerium, der dazu beitrug, den massiven Zustrom an flüchtigem spekulativem Kapital in die Region überhaupt loszutreten, indem er vor der Krise die asiatischen Regierungen drängte, ihre Kapitalmärkte zu liberalisieren. Es war der IWF, der sich voller Selbstvertrauen einmischte, nachdem die panikartige Flucht des Spekulationskapitals eingesetzt hatte, und eine enge fis-

[54] Zitiert nach: »Deadline Set for WTO Reforms«. Guardian News Service, January 10, 2000.

[55] C. Fred Bergsten, »The Backlash against Globalization«, Vortrag auf der Konferenz der Trilateral Commission, Tokyo, April 2000 (Internet-Download).

kalische und monetäre Rezeptur vorschrieb, die die Fähigkeit der Regierungen, dem Abschwung im Privatsektor entgegenzuwirken, drastisch reduzierte und somit die Finanzkrise in einen regelrechten Wirtschaftskollaps verwandelte.

Der IWF war es auch, der mit großem Getöse Rettungspakete in Milliardenhöhe schnürte, die allein dazu dienten, ausländischen Kreditgebern aus der Patsche zu helfen, während Banken, Finanzinstitutionen und Konzernen vor Ort gesagt wurde, sie sollten in den sauren Apfel beißen und ihren Bankrott erklären. Der IWF war es zudem, der den gestürzten Wirtschaften ein Programm der radikalen Deregulierung sowie der Finanz- und Handelsliberalisierung aufzwang, genau jene Washington-Agenda aus der Zeit vor der Krise also, die die Tigerstaaten in ihren besseren Tagen erfolgreich abgewehrt hatten. Schließlich war es der IWF, der auf Geheiß des US-Finanzministeriums den Vorschlag eines Asiatischen Währungsfonds (AMF) begrub, der die Reserven der finanziell robusteren Wirtschaften zu einem Fonds gepoolt hätte, auf den Opfer von spekulativen Angriffen zur Stützung ihrer Währungen hätten zurückgreifen können.

Nachdem die verwundeten Wirtschaften 1998 negative Wachstumsraten und eine Arbeitslosigkeit in Rekordhöhe verzeichneten und über eine Million Menschen in Thailand und 21 Millionen in Indonesien unter die Armutsgrenze abrutschten, überrascht es nicht weiter, dass der IWF in den Augen von Millionen verarmter Koreaner, Thais und Indonesier nicht besser dastand als all die korrupten Regierungen, Banken und George Soros.

Genauso wichtig für seine Zukunft als Institution war die Tatsache, dass das Verhalten des IWF einen lang schwelenden Konflikt in den Reihen der US-Elite über die Rolle des Fonds zum Ausbruch brachte. Die amerikanische Rechte warf dem Fonds Förderung von fahrlässigem Verhalten vor, und mancher Prominente wie der ehemalige US-Finanzminister George Schultz forderten gar seine Abschaffung, während orthodoxe Liberale wie Jeffrey Sachs und Jagdish Bhagwati den Fonds unter Beschuss nahmen, weil er die globale makroökonomische Stabilität und Prosperität untergrabe. Ende 1998 wäre es einer konservativ-liberalen Allianz im US-Kongress um eine Haaresbreite gelungen, dem IWF eine Aufstockung des US-Anteils um 14,5 Milliarden Dollar zu verwehren. Die Aufstockung wurde schließlich gerettet, nicht zuletzt dank der Überredungskünste der Clinton-Regierung. Es war aber klar, dass der langfristige internationalistische Konsens innerhalb der US-Elite, der den Fonds über fünf Jahrzehnte gestützt hatte, am Schwinden war.

Von der Vergangenheit eingeholt

Die Fehlleistungen des Fonds während der asiatischen Finanzkrise gaben Anlass zu einer Neubewertung seiner Rolle in der Dritten Welt während der 1980er und 1990er Jahre, als 90 Entwicklungs- und Schwellenländern Strukturanpassungsprogramme aufgezwungen wurden.

Gemessen am extrem engen Kriterium der Wachstumsförderung waren die Strukturanpassungsprogramme ein Flop, wobei einige Studien sogar nachwiesen, dass sie einen negativen Einfluss auf Wachstumsraten ausgeübt hatten. Nach über 15 Jahren war es schwer, mehr als eine Handvoll Beispiele zu nennen, in denen sie ein stabiles Wachstum herbeigeführt hatten, und darunter befand sich der mehr als fragwürdige Fall von Pinochets Chile. Was die strukturelle Anpassung wirklich erreicht hatte, war, die Stagnation in Afrika, Lateinamerika und anderen Teilen der Dritten Welt zu institutionalisieren. Eine Studie des Center for Economic and Policy Research zeigt auf, dass 77% der Länder, für die Wirtschaftsdaten vorliegen, ihre Pro-Kopf-Wachstumsraten in der Periode der Strukturanpassungsprogramme von 1980-2000 verglichen mit der vorangegangenen Periode von 1960-1980 in bedeutendem Maße zurückgehen sahen. In Lateinamerika stieg das Einkommen in den 1960er und 1970er Jahren um 75%, als die Wirtschaften dieser Region relativ geschlossene Einheiten bildeten, aber nur noch um sechs Prozent während der letzten beiden Jahrzehnte.[56] Die Durchschnittseinkommen in Afrika südlich der Sahara und im ehemaligen Ostblock sind sogar zurückgegangen.[57]

Wenn man das Kriterium des Wachstums um das der Reduzierung von Ungleichheit und Armutsbekämpfung erweitert, dann spricht das Resultat eine eindeutige Sprache: Die strukturelle Anpassung war Gift für die Dritte Welt. Eine Studie von Mattias Lundberg und Lyn Squire von der Weltbank brachte es auf den Punkt: »Die Armen sind viel verwundbarer durch Verschiebungen der internationalen relativen Preise, und diese Verwundbarkeit wird durch die Handelsöffnung ihrer Länder noch verstärkt ... Zumindest kurzfristig scheint es so, dass die Globalisierung sowohl die

[56] »Global Capitalism: Can it be Made to Work Better?« Business Week, Nov. 6, 2000, S. 42-43.

[57] Ebd.

Armut als auch die Ungleichheit erhöht.«[58] Die Zahl der Menschen weltweit, die in Armut leben – das heißt mit weniger als einem Dollar am Tag – ist von 1,1 Milliarden 1985 auf 1,2 Milliarden 1998 und voraussichtlich 1,3 Milliarden im Jahr 2000 gestiegen. Nach einer jüngeren Weltbank-Studie ist die absolute Zahl der in Armut lebenden Menschen in Osteuropa, Südasien, Lateinamerika, der Karibik und Afrika südlich der Sahara gestiegen – das sind alles Gebiete, die Ziel von Strukturanpassungsprogrammen waren.

Als Folge der gestiegenen öffentlichen Aufmerksamkeit nach ihrer katastrophalen Politik in Ostasien konnte der Fonds nicht länger leugnen, dass die Anpassung in Afrika, Lateinamerika und Südasien ein massiver Misserfolg gewesen ist. Während der verschiedenen Weltbank-IWF-Treffen im September 1999 gab der Fonds den Misserfolg zu, indem er das erweiterte strukturelle Anpassungsprogramm (Esaf) in »Armutsbekämpfungs- und Wachstumsprogramm« umtaufte und versprach, von der Weltbank zu lernen und die Behebung der Armut zum Dreh- und Angelpunkt seiner Programme zu machen. Es war aber zu wenig, zu spät und zu unglaubwürdig. Am Ende der Clinton-Regierung beschränkte sich die Unterstützung für den IWF auf das US-Finanzministerium.

Meltzer und die Weltbank

Seit seinem Amtsantritt 1996 gab sich der zum Amerikaner gewordene Australier Jim Wolfensohn größte Mühe, der Bank durch Öffnung der Kommunikationswege mit Nichtregierungsorganisationen (NGOs) und mit Hilfe einer gut geölten Öffentlichkeitsarbeit ein neues Image zu verschaffen. Sie wurde als eine Institution dargestellt, die sich von den Strukturanpassungsprogrammen abkehre und die Armutsbekämpfung zu ihrer Hauptaufgabe mache, wobei sie funktionierende Verwaltungs- und Regierungsstrukturen fördere und bei Kreditvergaben umweltverträgliche Projekte unterstütze. Die beste Verteidigung lag in der Ausweitung der Kompetenzen der Bank.

Der im Februar 2000 veröffentlichte Bericht der Meltzer-Kommission schlug wie eine Bombe ein. Nach Sichtung etlicher Dokumente und Interviews mit allerlei Experten kam die Kommission zu einer Reihe nieder-

---

[58] Zitiert nach: Walden Bello, »Washington's Political Transition Threatens Bretton Woods Twins«, in: Walden Bello, The Future in the Balance. Oakland, CA: Food First, 2001, S. 238.

schmetternder Ergebnisse, die es sich lohnt hervorzuheben: 70% der nicht bezuschussten Kreditvergaben konzentrieren sich auf elf Länder, und die übrigen 145 Mitgliedsstaaten mussten sich um die restlichen 30% streiten; 80% der Ressourcen der Bank kommen nicht den ärmsten Entwicklungsländern zugute, sondern den besser situierten, kreditwürdigen Ländern, die, so die Kommission, Geldmittel auf den internationalen Kapitalmärkten beschaffen können. Die Misserfolgsquote der Bankprojekte in den ärmsten Ländern liegt bei 65-70% und bei 65-60% im Durchschnitt aller Entwicklungsländer. Kurzum, der Beitrag der Weltbank zur Erreichung ihres erklärten Ziels der Armutslinderung war vernachlässigbar.[59]

Was sollte mit der Bank geschehen? Die Kommission sprach die dringende Empfehlung aus, den Hauptteil der Kreditaktivitäten der Bank auf die regionalen Entwicklungsbanken zu übertragen. Es war für die Leserschaft des Berichts unschwer zu erraten, dass, wie es ein Kommissionsmitglied äußerte, mit dem Bericht »im Kern angestrebt wird, den Internationalen Währungsfonds und die Weltbank abzuschaffen, ein Ziel, das beträchtliche Unterstützerkreise ... in unserem Kongress hat.«[60]

Sehr zum Verdruss Wolfensohns standen nur wenige Menschen der Bank zur Seite. Stattdessen kam in den Monaten im Vorfeld der Weltbank-IWF-Treffen in Prag im September 2000 die Wirklichkeit hinter der erweiterten Mission der Bank ans Tageslicht.[61] Die Behauptung, die Bank sei um »verantwortliches Regierungshandeln« bemüht, stand im krassen Widerspruch zu ihrem großzügigen Engagement für das Suharto-Regime in Indonesien, dem sie über einen Zeitraum von 30 Jahren 30 Milliarden Dollar zugeschustert hatte. Gemäß mehreren Berichten, darunter einem internen, 1999 veröffentlichten Bericht der Weltbank selbst, tolerierte sie Korruption, verlieh gefälschten Regierungsstatistiken einen falschen Status, legitimierte die Diktatur, pries sie als Modell für andere Länder an und drückte angesichts der Menschenrechtslage und der monopolistischen Kontrolle über die Wirtschaft beide Augen zu. Dass diese enge Umarmung des Suharto-Regimes bis weit hinein in die Wolfensohn-Ära fortgesetzt wurde, war besonders peinlich.

---

[59] International Financial Institutions Advisory Commission, Report. Washington, DC: US Congress, 2000.

[60] C. Fred Bergsten, »The Backlash...«

[61] Nachfolgende Fakten und Statistiken wurden verschiedenen Quellen entnommen und zusammengefasst in: »Hard Answers Please, Mr. Wolfensohn and Mr. Kohler«, Beitrag für die Debatte im Prager Schloss, 23.9.2000.

Das Image einer neuen, umweltbewussten Bank unter Wolfensohn löste sich angesichts der Kritiklawine im Anschluss an den Meltzer-Bericht weiter auf. Die Bank war ein standhafter Verfechter der umstrittenen Tschad-Kamerun-Pipeline, die ökologisch empfindliche Gebiete wie Kameruns atlantischen Küstenwald ernsthaft schädigen würde. Das Management wurde dabei ertappt, wie es sich über die eigenen Regeln in Bezug auf Umwelt und Umsiedlungen hinwegsetzte, als es versuchte, das Projekt zur Reduzierung der Armut in Westchina durchzudrücken, mit dem ein karges Ökosystem, die Lebensgrundlage für die schafzüchtende Volksminderheit der Tibetaner und Mongolen, in ein landwirtschaftliches Gebiet für Zuwanderer aus anderen Teilen Chinas umgewandelt werden sollte.

Ein Blick in das Kreditportfolio der Bank zeigte die Wahrheit hinter der Rhetorik: Der Anteil der Kredite für Umweltschutzprojekte am gesamten Kreditgeschäft sank von 3,6% im Geschäftsjahr 1994 auf 1,02% 1998; die zugewiesenen Mittel sanken zwischen 1998 und 1999 um weitere 32,7%, und über die Hälfte aller von der Weltbank im privaten Sektor vergebenen Kredite waren für umweltschädliche Projekte wie Dämme, Straßen und Kraftwerke vorgesehen. Die Mitarbeiter im Umweltressort der Bank waren innerhalb der Bürokratie so isoliert, dass Herman Daly, der angesehene Wirtschaftsökologe, seinen Posten kündigte, weil er zum Schluss gekommen war, dass er und die anderen Umweltspezialisten im Hause überhaupt keinen Einfluss auf die Politik der Behörde hatten. Während der berühmt gewordenen, von Vaclav Havel gesponserten Debatte im Prager Schloss im Rahmen des tumultartigen Weltbanktreffens am 23. September 2000 mit einer Liste sorgfältig dokumentierter, von Basisorganisationen erhobener Anschuldigungen konfrontiert, fiel Wolfensohn nichts Besseres ein als die unvergessliche Bemerkung: »Ich und meine Kollegen gehen jeden Morgen mit gutem Gefühl an die Arbeit.«[62] Es war eine Antwort, die verdeutlichte, wie tief die Legitimitätskrise des Bretton-Woods-Systems war, und die nur von der berühmten Replik des damaligen IWF-Direktors Horst Köhler auf dem gleichen Treffen übertroffen wurde: »Ich habe auch ein Herz, aber ich muss meinen Kopf benutzen, wenn es darum geht, Entscheidungen zu treffen.«[63]

---

[62] Ebd.
[63] Ebd.

Die Alternative: De-Globalisierung

Die Krise des gegenwärtigen Systems der Global Governance hat systemische Ursachen. Sie kann nicht durch bloße Anpassungen im Rahmen des Systems bewältigt werden – solche Anpassungen würden sich lediglich marginal auswirken oder eine noch gewaltigere Krise nur hinauszögern. In Anlehnung an die Einsichten von Thomas Kuhn in seiner klassischen Schrift »Die Struktur wissenschaftlicher Revolutionen« gibt es zwei mögliche Antworten auf eine Paradigmenkrise. Den einen Weg schlugen die Anhänger des alten ptolemäischen Weltbildes ein: Sie passten ihr Erklärungsmodell immer aufwendiger an, bis es einfach zu komplex und schließlich vollkommen nutzlos für den wissenschaftlichen Fortschritt wurde. Das ist der Weg, den die meisten der oben skizzierten Reformvorschläge gehen wollen.

Den anderen Weg schlugen die Anhänger des neuen kopernikanischen Systems ein: Sie vollzogen einen radikalen Bruch mit dem alten Weltbild und arbeiteten innerhalb der Parameter des konkurrierenden Paradigmas. Das brachte den Vorteil, nicht nur eine sperrige Datenlage in weitaus einfachere Begriffe zu fassen, sondern darüber hinaus unseren Blick auf neue, aufregende Probleme zu lenken.[1] Diese Richtung soll auch die hier vorliegende Alternative einschlagen.

Auf dem Gebiet der globalen Wirtschaftslenkung gestaltet sich der Bruch mit der Vergangenheit allerdings weitaus schwieriger als in der Wissenschaft. Bei sozialen Veränderungen können neue Systeme nicht wirklich entworfen werden, ohne den festen Griff der alten zu lockern, die aber eine fundamentale Herausforderung ihrer Hegemonie nicht ohne weiteres dulden. Eine Legitimationskrise ist ein wichtiger erster Schritt zur Schwächung gegenwärtiger Strukturen, sie reicht aber nicht aus. Die Vision einer neuen Welt mag bezaubern, ohne harte Strategie zu ihrer Verwirklichung wird sie aber Vision bleiben. Bestandteil dieser Strategie ist das wohl überlegte Auseinandernehmen des Althergebrachten. Daher

[1] Vgl. Thomas S. Kuhn, The Structure of Scientific Revolutions. Chicago: University of Chicago Press, 1971. Deutsch: Die Struktur wissenschaftlicher Revolutionen. Frankfurt a.M.: Suhrkamp, 1976.

ist eine Strategie der Dekonstruktion die notwendige Begleiterscheinung einer Strategie der Rekonstruktion.

Dekonstruktion

Die großen Demonstrationen der letzten Jahre gegen die neoliberale Globalisierung hatten mit ihrer Forderung nach der Demontage der WTO und der Bretton-Woods-Institutionen vollkommen Recht. Die Weiterentwicklung dieser Forderung und die Sammlung von immer mehr Menschen hinter ihr haben entscheidend zur Legitimationskrise dieser Institutionen beigetragen.

Aus taktischen Gründen ist es jedoch wichtig, Koalitionen für Ziele zu schmieden, die auf breitere Akzeptanz stoßen und dennoch eine enorme Wirkung entfalten können im Sinne einer drastischen Reduzierung der Macht oder zumindest wirksamen Neutralisierung dieser Institutionen. Im Fall des IWF kann beispielsweise die Forderung, ihn in eine Forschungseinrichtung umzuwandeln, die keine Entscheidungskompetenz besitzt, sondern lediglich globale Kapitaltransfers und Wechselkurse überwacht – mit anderen Worten, aus ihm eine Beratungs- und Forschungsanstalt nach dem Muster der Organisation für wirtschaftliche Zusammenarbeit und Entwicklung (OECD) zu machen –, eine große Anhängerschaft gewinnen.

Im Fall der Weltbank kann die Forderung nach Beendigung ihrer Kreditgeberfunktionen und Übertragung derselben auf geeignete regionale Institutionen mit partizipatorischen Strukturen (womit die Asiatische Entwicklungsbank und andere regionale Entwicklungsbanken überflüssig würden) einen wirksamen Schritt zu ihrer effektiven Entmachtung darstellen und ganz unterschiedliche politische Kräfte vereinigen. Solche Initiativen könnten mit Kampagnen für den Boykott von Weltbankanteilen, für die Verweigerung von neuen Zuwendungen an die Internationale Entwicklungsagentur (Ida) und gegen die Forderung nach Quotenaufstockungen für den IWF koordiniert werden. Im Unterschied zu Soros' Herangehensweise wäre die Stoßrichtung einer solchen multidimensionalen Anstrengung nicht die Reformierung, sondern die drastische Machtminderung und Kompetenzeinschränkung der Institutionen von Bretton Woods.

Wegen ihrer zentralen Stellung und ihrer Einzigartigkeit als globale Institution muss allerdings die WTO zur Hauptzielscheibe dieses Dekonstruktionsunterfangens gemacht werden. Die Strategie der Dekonstruktion muss auf die gegenwärtigen Anforderungen im Kampf gegen die konzerngetriebene Globalisierung reagieren. Dafür ist es erforderlich, das strategische Ziel klar zu benennen, den globalen Kontext bzw. die Umstände exakt zu bestimmen und eine effektive Strategie und ein taktisches Repertoire zu entwickeln, um auf die Besonderheiten der Situation reagieren zu können.

Für die Bewegung gegen die konzerngetriebene Globalisierung ist es ziemlich klar, dass das strategische Ziel das Aufhalten oder die Umkehrung der von der WTO verordneten Liberalisierung des Handels und der handelsnahen Bereiche sein muss. Der Kontext oder die »Situation« ist gekennzeichnet von einem wackeligen Sieg der Freihandelsglobalisierer auf der vierten Ministerrunde in Doha im November 2001, auf der sie den Entwicklungsländern das Einverständnis zu einer kleinen Verhandlungsrunde über weitere Liberalisierungsmaßnahmen in Landwirtschaft, Dienstleistungen und Industriezöllen abnötigten. Die Situation ist gekennzeichnet von vermehrten Anstrengungen seitens der Globalisierer, weitere Ministerrunden als Sprungbrett für Verhandlungen über die handelsnahen Bereiche Investitionen, Wettbewerbsrecht, öffentliche Beschaffung und Handelsförderung zu nutzen. Ihr Ziel ist es, während weiterer Ministerrunden das in Doha herausgepresste Zugeständnis zu begrenzten Verhandlungen in eine allumfassende Verhandlungsrunde auszuweiten, die sich mit der Uruguay-Runde messen lässt.

Diese Ausweitung des Freihandelsmandats, der Macht und der Befugnisse der WTO als mittlerweile mächtigstes multilaterales Instrument der globalen Konzerne stellt für Entwicklung, soziale Gerechtigkeit, Gleichheit und Umwelt eine tödliche Bedrohung dar. Es ist ein Ergebnis, das wir um jeden Preis vereiteln müssen, denn wir können zu nachhaltiger Entwicklung, sozialer Gerechtigkeit, Gleichheit und der Umwelt Lebewohl sagen, wenn sich die großen Handelsmächte mitsamt ihren Konzerneliten durchsetzen und weitere globale Liberalisierungsrunden starten.

Ausgehend vom strategischen Ziel des Aufhaltens und Zurückdrängens der Handelsliberalisierung ist das Kampagnenprojekt, auf das die Bewegung gegen konzerngetriebene Globalisierung ihre Anstrengungen und Energien konzentrieren muss, klar und deutlich: das Vorhaben der weiteren Handelsliberalisierung, das sich die Ministerrunden als zentrales Instrument des Freihandels auf die Fahnen geschrieben haben, aus den Gleisen zu werfen.

Der Freihandelsverfechter C. Fred Bergsten, Leiter des Forschungsinstituts für Welthandelsbeziehungen (Institute for International Economics, IIE), hat den freien Handel und die WTO mit einem Fahrrad verglichen: Wenn sie sich nicht vorwärts bewegen, stürzen sie. Deshalb stellte Seattle eine solch tödliche Gefahr für die WTO dar und deshalb waren die Globalisierer so fest entschlossen, sich in Doha ein Mandat für fortgesetzte Liberalisierung geben zu lassen. Wären sie in Doha gescheitert, wäre der wahrscheinliche Ausgang nicht bloß ein Patt gewesen, sondern ein Rückzug aus dem freien Handel. Für die Bewegung gegen die konzerngetriebene Liberalisierung brächte ein Entgleisen weiterer Ministerrunden bzw. das Verhindern einer Vereinbarung über eine neue allumfassende Runde mehr, als nur die WTO und den freien Handel zum Stillstand zu bringen. Es gäbe den Impuls für ein Zurückdrängen des freien Handels und eine Minderung der WTO-Macht. Das hat der *Economist* ganz gut verstanden, der seine Leserschaft in den Konzernzentralen darauf hinwies, dass die »Globalisierung umkehrbar« sei. Wenn das Entgleisen des Freihandelszugs tatsächlich das Ziel ist, dann wird der entscheidende taktische Fokus dieser Strategie deutlich: Die Entscheidungsfindung nach dem Konsensprinzip ist die Achillesferse der WTO, die Entstehung eines solchen Konsenses müssen wir um jeden Preis verhindern.

Im Vorfeld weiterer Ministerrunden muss die Bewegung gegen die neoliberale Globalisierung ihre Energien darauf fokussieren, dass die Länder zu keiner Vereinbarung auf irgendeinem Gebiet kommen, über das Verhandlungen geführt werden oder in naher Zukunft anstehen. Das betrifft vor allem die Gebiete Landwirtschaft, Dienstleistungen und Industriezölle. Für weitere Ministerrunden selbst heißt das, eine Konsensbildung über die Eröffnung von Verhandlungen über neue Gebiete wie öffentliche Beschaffung, Wettbewerbsrecht, Investitionen und Handelserleichterungen zu verhindern. Das Ziel muss sein, wie in Seattle, die Delegierten jeweils mit einer sehr eng gefassten Erklärung, die keinen Raum für Konsens in den Schlüsselfragen offen lässt, zu entsenden, und während der Runden selbst jedweden Kuhhandel in letzter Minute zu verhindern. Wie in Seattle muss das Endziel sein, die künftigen Ministerrunden in Dissenz und Streit auseinandergehen zu lassen.

Wenn es das Ziel ist, das inszenierte Planspiel zur Ausdehnung des Freihandels aus den Fugen geraten zu lassen, dann hat die Bewegung gegen die Globalisierung der Konzerne alle Hände voll zu tun. Wir müssen eine Mehrebenenstrategie entwickeln, die folgende Bestandteile enthält:

- Auflösung der Allianz zwischen der USA und der EU durch Ausreizen des US-EU-Konfliktes bezüglich Europas Subventionen für die Landwirtschaft, Bushs missglückten Versuchs, vom US-Senat Vollmachten für beschleunigte Verhandlungen zu erhalten, Washingtons Verfügung von Schutzzöllen auf Stahlimporte und seines neubelebten Handelsunilateralismus, und der US-Exporte von hormonbehandeltem Rindfleisch und genetisch modifizierten Erzeugnissen (GMOs).
- Intensivierung unseres Beistandes für die Delegationen der Entwicklungsländer in Genf, damit sie den WTO-Prozess besser meistern und effektive Strategien entwickeln, um eine Konsensbildung auf bevorzugten Gebieten der Handelsmächte zu blockieren und die Priorität von Implementierungsfragen wieder geltend zu machen.
- Zusammenarbeit mit nationalen Bewegungen wie den Bauernbewegungen für Ernährungshoheit im Süden und Bürgerinitiativen im Norden, um ihre Regierungen unter massiven Druck zu setzen, damit diese keiner weiteren Liberalisierung in Landwirtschaft, Dienstleistungen und anderen verhandelten Bereichen zustimmen.
- Gekonnte Koordinierung von globalen Protesten, Massenaktionen auf der Straße am Ort künftiger Ministerrunden und Lobby-Arbeit in Genf, um auf globaler Ebene eine kritische Masse mit der erforderlichen Schwungkraft zu erreichen.

Die Aufgabe ist gewaltig und uns bleibt immer sehr wenig Zeit. Aber wir haben keine andere Wahl. Die Handelsmächte und die WTO haben die Lehren aus Seattle gezogen, und in Doha haben sie es geschafft, das Fahrrad wieder aufzurichten. Auch wir müssen von Doha lernen und uns in die Lage versetzen, das Fahrrad wieder zu Fall zu bringen. Eine Schlüssellehre, die wir beherzigen müssen, ist, dass unsere Koalition eine koordinierte Strategie braucht, die unsere Arbeit auf so vielen Fronten, Ebenen und Dimensionen für ein gemeinsames Ziel bündelt: den Freihandelszug zum Entgleisen zu bringen.

De-Globalisierung in einer pluralistischen Welt

Hand in Hand mit unserer Dekonstruktionskampagne müssen wir den Rekonstruktionsprozess entfalten, wenn unser Vorhaben, ein alternatives System der Global Governance aufzubauen, nicht scheitern soll. Ein solches Alternativsystem ist bitter nötig. Vielerorts herrscht die Vorstellung, dass die Beschäftigung mit einem Alternativsystem der Global Governance noch in den Kinderschuhen steckt. In Wirklichkeit sind aber viele, gar die meisten der grundlegenden oder allgemeinen Prinzipien einer Alternativordnung bereits artikuliert worden, und es geht vor allem darum, diese allgemeinen Prinzipien auf konkrete Gesellschaften anzuwenden, auf eine Weise, die die Verschiedenartigkeit von Gesellschaften respektiert.

Die Beschäftigung mit Alternativen ist eine kollektive Anstrengung, eine vergangene und eine gegenwärtige, eine, zu der viele Menschen im Norden wie im Süden beigetragen haben. Die Schlüsselelemente dieser kollektiven Anstrengung könnte man als eine doppelte Bewegung der De-Globalisierung der Volkswirtschaften und des Aufbaus eines »pluralistischen Systems globaler Wirtschaftssteuerung« zusammenfassen.

Der Kontext der De-Globalisierungsdiskussion sind die wachsenden Belege nicht nur für Armut, Ungleichheit und Stagnation, die die Ausbreitung globalisierter Produktionssysteme begleiten, sondern auch für deren fehlende Nachhaltigkeit und große Anfälligkeit. Das Internationale Forum über Globalisierung (IFG) weist beispielsweise darauf hin, dass »eine durchschnittliche Mahlzeit, die man in einem westlichen, Nahrungsmittel importierenden Industrieland zu sich nimmt, wahrscheinlich 3.000 Kilometer vom Herkunftsort bis zum Teller hinter sich hat. Jeder einzelne dieser Kilometer hat seinen Anteil an den Umwelt- und sozialen Krisen unserer Zeiten. Die Reduzierung der Distanz zwischen Produzent und Konsument muss ein zentrales Reformziel jedweder Abkehr von industrieller Landwirtschaft sein.«[2]

Oder aber, wie Barry Lynn gesagt hat: Ein so großer Teil der Industrieproduktion ist nach wenigen Gebieten wie Taiwan outgesourct worden, dass das Erdbeben, das das Land am 21. September 1999 heimsuchte, wäre es »nur wenige Zehntelpunkte stärker auf der Richterskala oder nur wenige Meilen näher am lebenswichtigen Industriepark Hsinchu gewesen, einen Großteil der Weltwirtschaft auf Monate hinaus lahmgelegt hätte«.[3]

---

[2] John Cavanagh et al., Alternatives to Economic Globalisation, International Forum on Globalisation, San Francisco, 2002.

[3] Barry Lynn, Unmade America: The True Cost of a Global Assembly Line, Harper's, Juni 2002, S. 36.

Was soll De-Globalisierung bedeuten? Während nachfolgender Vorschlag in erster Linie auf den Erfahrungen in Gesellschaften des Südens basiert, ist er auch für die Wirtschaften des Nordens relevant.

Wir meinen nicht den Rückzug aus der internationalen Wirtschaft. Wir sprechen über eine Umorientierung von den überwiegend auf Export ausgerichteten Volkswirtschaften zu einer Produktion vorwiegend für den Binnenmarkt; wir sprechen darüber,

- unsere Finanzmittel für Investitionen größtenteils im Inland zu beschaffen, anstatt von Investitionen aus dem Ausland und ausländischen Finanzmärkten abhängig zu werden,
- die lange aufgeschobenen Maßnahmen zur Einkommensumverteilung und Landreform umzusetzen, um einen dynamischen Binnenmarkt zu schaffen, der das Fundament der Wirtschaft bilden sollte,
- die Betonung von Wachstum und Gewinnmaximierung zu verringern, um die Störung im Gleichgewicht der Umwelt zu reduzieren,
- strategische Wirtschaftsentscheidungen nicht dem Markt zu überlassen, sondern sie der demokratischen Willensbildung zu überantworten,
- den privaten Sektor und den Staat der dauerhaften Kontrolle durch die Zivilgesellschaft zu unterstellen,
- ein neues Produktionsgefüge und System des Austauschs zu schaffen, das Gemeindekooperativen, Privatunternehmen und staatliche Unternehmen umfasst und TNU ausschließt,
- das Subsidiaritätsprinzip im Wirtschaftsleben zu bewahren, indem die Produktion von Gütern – wenn es wirtschaftlich vertretbar ist – auf lokaler und nationaler Ebene gefördert wird, um das Gemeinschaftsgefüge zu erhalten.

Wir sprechen ferner über eine Strategie, die die Marktlogik und das Streben nach Kosteneffizienz bewusst den Werten von Sicherheit, Fairness und gesellschaftlicher Solidarität unterordnet. Wir sprechen – um auf die Vorstellung des großen sozialdemokratischen Gelehrten Karl Polanyi zurückzugreifen – darüber, die Wirtschaft wieder in die Gesellschaft einzubetten, anstatt in einer Gesellschaft zu leben, die durch die Wirtschaft gelenkt wird.[4]

---

[4] Karl Polanyi, The Great Transformation. Boston: Beacon, 1957. Deutsch: The Great Transformation. Politische und ökonomische Ursprünge von Gesellschaften und Wirtschaftssystemen. Frankfurt a.M.: Suhrkamp 1978.

Es stimmt zwar, dass Effizienz im engen Sinne von stetiger Stückkostenreduzierung leiden könnte, was dabei aber gewonnen wird – der passendere Ausdruck wäre eigentlich wiedergewonnen –, sind die Voraussetzungen für die Entfaltung von Integrität, Solidarität, Gemeinschaft, mehr und umfassenderer Demokratie und Nachhaltigkeit.

Diese Prinzipien sind es, die heute viele mutige Projekte vorantreiben. Projekte, die durchaus Erfolge verbuchen konnten, vor allem auf lokaler, gemeinschaftlicher Ebene. Wie Kevin Danaher von Global Exchange aufgezeigt hat: Abkommen im Geist des fairen Handels zwischen Farmern des Südens und Konsumenten des Nordens über Kaffee und andere Güter, Mikrokredit-Projekte wie die Grameen Bank, lokale Währungssysteme, die den Austausch von globalen und nationalen monetären Systemen entkoppeln und ihn an Produktion und Konsumtion vor Ort anbinden, partizipatorische Haushaltsaufstellung wie in Porto Alegre und nachhaltige Ökogemeinschaften wie Gaviotas in Kolumbien.[5]

Der herrschende Gott ist jedoch ein missgünstiger, der Herausforderungen seiner Hegemonie nicht ohne weiteres duldet. Selbst das kleinste Experiment muss zerschmettert oder entmannt werden. Das zeigt uns das Beispiel der herrischen Bank of Thailand, die mehreren Dörfern des Kud Chum-Distrikts im Nordosten des Landes den Verzicht auf ihre lokale Währung befahl. Die friedfertige Koexistenz von verschiedenen Systemen ist, unglücklicherweise, letztendlich keine Alternative.

Eine De-Globalisierung, also eine Verlagerung von Entscheidungsbefugnissen zurück auf die lokale und nationale Ebene, kann jedoch nur erfolgreich sein, wenn sie innerhalb eines alternativen Systems der globalen Wirtschaftssteuerung stattfindet.

Die Entstehung eines solchen Systems beruht natürlich auf der starken Reduzierung der Macht westlicher Konzerne, die hauptsächlich die Globalisierung vorantreiben, und der politischen und militärischen Hegemonie der sie schützenden Staaten, allen voran der Vereinigten Staaten. Aber auch inmitten unserer Arbeit des Entwerfens von Strategien zur Machtminderung der Konzerne und beherrschenden Staaten müssen wir ein Alternativsystem der globalen Wirtschaftslenkung andenken und die Grundlagenarbeit dafür leisten.

Wie könnte nun eine solche Weltwirtschaftsordnung aussehen? Die Antwort darauf findet sich in unserer Kritik am Bretton-Woods-System,

---

[5] Rede an der University of Montana, Missoula, Montana, 16. Juni 2002.

einschließlich der WTO, als monolithisches System aus Universalregeln, die von stark zentralisierten Institutionen im Interesse von Unternehmen, insbesondere US-amerikanischen Unternehmen, aufgestellt wurden. Der Versuch, dieses Gefüge durch ein anderes zentralisiertes System von Regeln und Institutionen abzulösen, auch wenn dieses auf anderen Prinzipien beruhen würde, wird wahrscheinlich dieselbe gigantische Falle produzieren, in der sich so unterschiedliche Gebilde wie IBM, der IWF und der sowjetische Staat verstrickten. Diese Falle ist das Unvermögen, Diversität zu tolerieren und von ihr zu profitieren. Im Übrigen ist der Glaube, dass es unbedingt ein zentrales Regelwerk auf globaler Ebene geben muss und die neoliberalen Regeln nur durch sozialdemokratische Regeln zu ersetzen seien, eine Hinterlassenschaft einer technokratisch-optimistischen Variante des Marxismus, die sowohl den sozialdemokratischen als auch den leninistischen Weltanschauungen Nahrung gibt und damit das erzeugt, was die indische Autorin Arundhati Roy die Vorliebe für »Gigantismus« nennt.

Eine plurale Welt

Gegenwärtig brauchen wir keine andere zentralisierte globale Institution, sondern eine Dekonzentration und Dezentralisierung von institutionalisierter Macht. Es muss ein pluralistisches System von Institutionen und Organisationen geschaffen werden, die mittels umfassender und flexibler Abkommen bzw. gegenseitiger Übereinkünfte interagieren.

Wir sprechen nicht über etwas vollständig Neues. Denn gerade in solch einem pluralistischeren System der globalen Wirtschaftssteuerung, in dem die hegemoniale Macht noch weit davon entfernt war, in einer Reihe allumfassender und mächtiger multilateraler Organisationen und Institutionen verankert zu sein, konnten einige lateinamerikanische und asiatische Länder im Zeitraum von 1950 bis 1970 ein Quäntchen an industrieller Entwicklung erreichen. In solch einem pluralistischen System mit einem Allgemeinen Zoll- und Handelsabkommen (GATT), dessen Macht eingeschränkt und das flexibel war und auf den besonderen Status von Entwicklungsländern einging, konnten Länder in Ost- bzw. Südostasien durch regen staatlichen Handel und eine Industriepolitik, die bedeutend von der in der WTO verankerten Freihandelsorientierung abwich, die Schwelle zur Industrialisierung überschreiten.

Natürlich waren die Wirtschaftsbeziehungen zwischen den Ländern vor den 1980er Jahren und dem Versuch, ein weltumspannendes Freihandelssystem zu institutionalisieren, nicht ideal. Ebenso wenig erwiesen sich die Volkswirtschaften der Dritten Welt als ideal. Sie waren nicht in der Lage, auf eine Reihe von Bedürfnissen einzugehen, die durch neuere Erkenntnisse in feministischer und ökologischer Wirtschaftstheorie, aber auch Theorien der Post-Post-Entwicklung, aufgezeigt wurden. Es soll hier lediglich darauf hingewiesen werden, dass die Merkmale der vor 1994 bestehenden Situation den Fakt untermauern, dass die Alternative zu einem Römischen Frieden für die Wirtschaft, den das System Weltbank-IWF-WTO um sich errichtet, kein Hobbesscher Naturzustand ist. Zudem soll hervorgehoben werden, dass die Realität internationaler Beziehungen in einer Welt, die durch eine Vielzahl internationaler und regionaler Institutionen mit gegenseitiger Kontrolle gekennzeichnet ist, etwas ganz anderes ist als das Propaganda-Image einer »gemeinen« oder »erbarmungslosen« Welt.

Es stimmt zwar, dass die Gefahr einseitiger Handlungen durch die Mächtigen in einem solchen System stets präsent ist, aber es ist eine Gefahr, vor der auch die Mächtigsten zurückschrecken, aus Angst vor ihren Folgen für die Legitimierung ihrer Existenz und vor den daraus resultierenden Reaktionen in Form von Widerstandsbündnissen.

Anders gesagt: Entwicklungsländer und die internationale Zivilgesellschaft sollten nicht die Reformierung der durch die TNU gelenkten WTO- und Bretton-Woods-Institutionen anstreben, sondern mit Hilfe von kombinierten passiven und aktiven Maßnahmen versuchen, entweder a) ihnen die Handlungskompetenz zu entziehen, b) sie zu neutralisieren (z.B. den IWF in eine reine Forschungsinstitution umzuwandeln, die die Devisenkurse im globalen Kapitalverkehr überwacht), oder c) ihre Macht drastisch einzuschränken und sie in eine bloße zusätzliche Gruppierung von Akteuren umzuwandeln, die neben anderen existiert und durch andere internationale Organisationen, Abkommen und regionale Gruppierungen kontrolliert wird. Diese Strategie würde auch verschiedene Akteure und Institutionen, wie die UNCTAD, multilaterale Umweltschutzabkommen, die Internationale Arbeitsorganisation (ILO) und sich herausbildende Wirtschaftsblöcke, wie den Mercosur in Lateinamerika, die SAARC in Südasien, die SADCC in Südafrika und eine wiedererwachte ASEAN in Südostasien, stärken. Allerdings müsste als Voraussetzung für eine »Stärkung« gewährleistet sein, dass diese Gebilde sich in eine Richtung entwickeln, die sich an den Bedürfnissen der Menschen orientiert, und nicht länger regionale Eliteprojekte bleiben.

Handelseffizienz nach der Definition neoklassischer Wirtschaftstheorie als Schlüsselkriterium für die Bildung solcher überregionaler Einheiten sollte der Maßgabe der »Kapazitätsbildung« weichen. Der Handel müsste also Abschied nehmen von seiner gegenwärtigen Dynamik des Einsperrens von Gemeinschaften und ganzer Staaten in eine Arbeitsteilung, die ihre Potentiale im Namen des »komparativen Vorteils« und »gegenseitiger Abhängigkeit« mindert. Es braucht einen Prozess, der die Fähigkeiten von Gemeinschaften fördert, der sicherstellt, dass entstehende Klüfte auf Grund von getroffenen Vereinbarungen über Arbeitsteilung nicht zu dauerhaften Spaltungen erstarren, der Mechanismen parat hält, darunter Einkommen, Kapital, Technologietransfer, die das Aufkommen von ausbeuterischen Verhältnissen zwischen Handel treibenden Gemeinschaften verhindern.

Es braucht nicht gesagt zu werden, dass die Schaffung solcher regionaler Blöcke nicht nur Regierungen und die Geschäftswelt aktiv beteiligen muss, sondern auch die Organisationen an der Basis. Fürwahr, die Agenda einer an den Menschen orientierten nachhaltigen Entwicklung kann nur gelingen, wenn sie demokratisch ausgearbeitet wird, anstatt von oben herab verordnet zu werden, wie im Fall der Europäischen Union, Mercosur und Asean. Regionale Integration wird zunehmend zu einer lebenswichtigen Voraussetzung für die nationale Entwicklung, sie kann aber nur effektiv sein, wenn sie als Projekt der Wirtschaftsunion von unten verwirklicht wird.

Viele Elemente eines pluralistischen Systems der globalen Wirtschaftssteuerung sind bereits vorhanden, ohne Zweifel müssen aber weitere hinzukommen. Hier muss die Betonung auf die Bildung von internationalen und regionalen Institutionen gelegt werden. Diese sollten die Aufgabe haben, Raum zu schaffen für die Übergabe eines größeren Anteils der Produktion, des Handels und der wirtschaftlichen Entscheidungskompetenzen an die regionale, nationale und Gemeindeebene. Hierzu gehört die Schaffung einer handlungsfähigen internationalen Organisation für den Schutz und die Stärkung der vielen hunderttausenden Wirtschaften der Ureinwohner auf der ganzen Welt.

Aber vor allem würde all dies die Bildung neuer internationaler und regionaler Institutionen fördern, die darauf ausgerichtet wären, den Spielraum zu schaffen und zu schützen, in dem Produktion, Handel und wirtschaftliche Entscheidungsbefugnisse mehrheitlich auf die lokale und nationale Ebene übergehen würden. Die Hauptaufgabe internationaler Organisationen in einer Welt, in der die Akzeptanz von Vielfalt ein zentrales Prinzip der Wirtschaftsorganisationen ist, bestünde darin, wie der britische Philosoph John Gray es formuliert, »lokale und nationale Kulturen zum Ausdruck zu bringen und zu schützen, indem ihre jeweiligen Handlungsformen angenommen und behütet werden«.[6]

Mehr Spielraum, mehr Flexibilität, mehr Kompromisse – das sollten die Ziele der Agenda für den Süden und der Bestrebungen der internationalen Zivilgesellschaft zum Aufbau eines neuen Systems globaler Wirtschaftssteuerung sein. In einer solchen Welt, fließender, weniger strukturiert, pluralistischer und mit einem vielschichtigen Kontrollsystem, werden die Nationen und Gemeinschaften des Südens – und auch des Nordens – fähig sein, den Raum zu schaffen, in dem sie sich nach ihren Werten, ihren Lebensweisen und selbstgewählten Strategien entwickeln können.

---

[6] John Gray, Enlightenment's Wake. London: Routledge, 1995, S. 181.

Wie kann das globale Finanzkapital reguliert werden?[1]

Seit Juli 1997, als die Asien-Finanzkrise ausbrach, gehen die Meinungen über die Gründe und Ursachen des Debakels auseinander. Folgt man dem einflussreichen früheren Staatssekretär im US-Finanzministerium, Larry Summers, ist die Ursache das Hexengebräu, das man als »Vetternwirtschaft« bezeichnen kann. Das sei das »Herzstück der Krise«.[2] Viele politische Maßnahmen gegen diese Krise, besonders jene des Internationalen Währungsfonds (IWF), beruhen auf diesem Gedankengang. Als Ergebnis enthalten die Programme gegen die Krisen nicht nur kurzfristige monetäre und steuerliche Maßnahmen, sondern auch strengere Kriterien für

---

[1] Die hier abgedruckte, gemeinsam mit Nicola Bullard, Kamal Malhotra und Marco Mezzera erarbeitete Analyse wurde im März 1999 auf einer Konferenz mit dem Titel »Ökonomische Selbstbestimmung in einer sich globalisierenden Welt: Schaffung einer basisorientierten Ökonomie für das 21. Jahrhundert« vorgetragen. Sie zog die Lehren aus dem Desaster der Asienkrise 1997/98, die für Millionen von Menschen Armut und Verelendung brachte und an deren Folgen die betroffenen Länder noch heute leiden. Auf dieser Konferenz wurde zu Beginn festgestellt: »Die fundamentale Ursache der Finanzkrise wurde bisher nicht angegangen. Kapital ist immer noch unbeschränkt und flüchtig. Je nachdem, was seine Herren wollen, bewegt es sich – den Zeitpunkt frei wählend – hierhin oder dorthin, immer entweder im Streben nach Maximalprofiten oder auf der Fucht in einen sicheren Hafen.« Einer neoliberalen Wirtschaftswissenschaft, die derartige Zustände propagiert und rechtfertigt, stellte die Konferenz eine ganz andere Ökonomie entgegen. »Basisorientierte Ökonomie ist wesentlich anders als profitorientierte oder marktzentrierte oder finanzzentrierte Ökonomie. Ein an der Bevölkerung ausgerichteter Ansatz will bewusst untersuchen, wie lokale, nationale und internationale Ökonomien so gestaltet werden können, dass die wachsenden und gefährlichen Ungleichgewichte zwischen Kapital und Arbeit, zwischen ›Entwicklung‹ und Umgebung und zwischen Nord und Süd neu ausbalanciert werden können. Die Teilnehmer dieser Konferenz waren sich trotz aller Unterschiede in den Standpunkten einig, dass die neoliberale Globalisation kein Naturgesetz ist, sondern eine Politik... Was von Menschen gemacht wurde, das kann auch rückgängig gemacht werden, oder eben besser gemacht werden.« (Anm. der Hrsg.)

[2] Summers, Larry, »The Global Economic Situation and What it Means for the United States«, Wortmeldung bei der Versammlung der Gouverneure, Milwaukee, Wisconsin, 4. August 1998.

faule Kredite, Maßnahmen zur Offenlegung der Kontoinhaber und Verfügungsberechtigung, strengere Konkursregeln, Sicherstellungen und die Öffnung des Finanzsektors für ausländische Investoren. Stanley Fischer, der US-amerikanische Vizedirektor des IWF, fasst diese konservativen Regeln so zusammen: »Es ist sicherzustellen, dass der Finanzsektor eine sichere Kreditpolitik verfolgt, dass die Banken über ausreichende Kapitaldeckung verfügen und dass Kredite nur nach wirtschaftlichen und nicht nach politischen oder anderen Kriterien vergeben werden. – Das ist der Schlüssel zur Lösung der Krise auf den asiatischen Märkten.«[3]

Eine andere Perspektive, die schon sehr früh geäußert wurde, hielt das für eine Fehldiagnose.[4] Man sollte vielmehr die Angebotsseite beachten, den massiven Zufluss von Fremdkapital auf diese Märkte in Form von Krediten, spekulativen Investitionen und Währungsspekulationen. In der Tat, derselbe Stanley Fischer schien bei seiner Wortmeldung auf der Jahresversammlung von IWF und Weltbank in Hongkong im September 1997 sowohl die Volatilität des externen Kapitals als auch die lockeren Regeln der lokalen Finanzmärkte für problematisch zu halten: »Die Märkte haben nicht immer recht. Manchmal sind die Zuflüsse exzessiv und manchmal halten sie zu lange an. Die Märkte reagieren oft zu rasch und zu heftig.«[5] Eine andere konservative Quelle, der *Economist,* brachte ebenfalls einen überraschenden Kommentar zu den Ursachen der Krise: »Das Problem besteht darin: Alle Finanzmärkte, von Währungen bis zu Aktien, folgen Wellen von übertriebenem Optimismus, die wiederum von übertriebenem Pessimismus gefolgt werden. In der Theorie sollte die Spekulation stabilisierend wirken: Um Geld zu machen, kaufen die Investoren, wenn der Preis niedrig ist, und verkaufen, wenn er hoch ist. Aber in einer Blase ist es gewinnbringend, Werte auch dann zu kaufen, wenn der Preis hoch ist, solange man erwarten kann, dass der Wert weiter steigt, solange, bis die Blase platzt. Investoren verlieren, wenn sie nicht mit der Herde rennen.«[6]

---

[3] Zit. nach Richard Mann, Economic Crisis in Indonesia, Gateway Books 1998, S. 42.

[4] Diese Ansicht wurde bemerkenswerterweise von Jeffrey Sachs vertreten. Siehe u.a. Sachs, Jeffrey, »The IMF and the Asian Flu«, in: American Prospect, März/April, 1998.

[5] Fischer, Stanley, »Capital Account Liberalization and the Role of the IMF«, Dokument, präsentiert beim Asien-IWF-Seminar in Hongkong am 19. September 1997.

[6] »Mahatir, Soros und die Währungsmärkte«, Economist, 27. Sept. 1977, S. 93

Aus dieser Perspektive sind die schmerzhaften Maßnahmen, die (von den Welt-Kapitalmärkten) den ehemaligen Tigerstaaten auferlegt wurden, übertrieben – verglichen mit den politischen Fehlern ihrer Regierungen.[7] Als sich die Krise von Ostasien nach Russland und Brasilien ausbreitete, wurde die Theorie vom *Kasino-Kapitalismus* immer überzeugender. Sogar Robert Rubin, US-Finanzminister von 1995 bis 1999, musste zugeben, dass das Problem zum Teil durch die Volatilität des Kapitals verursacht und »durch die moderne Technologie verschlimmert« wurde. Die Geschwindigkeit, mit der Fehler gemacht werden, und ihre Größe nehmen zu.[8] Vor dem IWF äußerte sich Fischer sogar noch kritischer: »Internationale Kapitalströme sind nicht nur extrem instabil, sondern auch ansteckend, sie zeigen die klassischen Merkmale einer Finanzpanik.«[9] Obwohl die Mobilität des internationalen Kapitals »das Potenzial hat, der Weltwirtschaft zu nützen, auch den aufstrebenden Märkten und den Entwicklungsländern«, so kann dieses Potenzial »nur dann genutzt werden, wenn die Häufigkeit und das Ausmaß der Finanzkrisen reduziert werden können«.[10] Dennoch stellten die Funktionäre der US-Notenbank, des US-Finanzministeriums und des IWF weiterhin die Vetternwirtschaft des asiatischen Kapitalismus an den Pranger. Sie konnten jedoch nicht länger umhin, auf Forderungen nach einer Reform der »globalen Finanz-Architektur« zu reagieren, wenn auch nur, um Forderungen nach tiefgreifenden Änderungen in Keim zu ersticken.[11]

Das Finanz-Kapital: entfesselt

Beim Studium des globalen kapitalistischen Systems bemerkt man einen himmelweiten Unterschied zwischen der Weltwirtschaft der Jahre 1960-70 und jener der 1990er Jahre. Heute »treibt« das Welt-Finanzkapital die

---

[7] ebd.

[8] Ignatius, David, »Policing Hedge Funds: Who's in Charge Here?«, New York Herald Tribune, 22.2.1999.

[9] Fischer, Stanley, »On the Need of an International Lender of Last Resort«. Dokument für das gemeinsame Arbeitsessen der American Economic Association und der American Finance Association, New York, 3. Januar 1999.

[10] Ebd.

[11] Siehe z.B.: Robert Rubin, »Strengthening the Architecture of the International Finance System«, Rede vor dem Brookings Institut, Washington, D.C, 14. April 1998.

Weltwirtschaft vor sich her. Ob man es nun sozialdemokratische Wirtschaft, Keynesianismus oder staatlich geförderten Kapitalismus nannte, die folgenden Merkmale zeichneten die wichtigsten Wirtschaftsräume sowohl im Norden als auch im Süden während der »Bretton-Woods-Periode« von 1945 bis Mitte der 1970er Jahre aus: Es gab einen vom Staat dirigierten *modus vivendi* zwischen Arbeit und Kapital; Kapitalströme waren begrenzt; die Investitionen der Konzerne waren abhängig von ihren Rücklagen; es herrschten strikte Regeln für die Banken und den Finanzsektor; es gab eine Feinabstimmung der Wirtschaft durch monetäre und steuerliche Maßnahmen und feste Wechselkurse. Tatsächlich erscheint aus heutiger Sicht die Wirtschaft der USA unter dem republikanischen Präsidenten Richard Nixon streng reguliert. Wie eine Studie der Weltbank vermerkt, gab es bis in die frühen 1970er Jahre hinein nur wenige Staaten, ob Industrie- oder Entwicklungsländer, in denen Kapitalbewegungen nicht beschränkt waren.[12] Bis weit in die 1970er Jahre wurde in Europa der Kapitalfluss kontrolliert. Der IWF erlaubte nach Artikel IV (Sektion 3) den Mitgliedern, solche Kontrollen auszuüben, soweit sie notwendig waren, die internationalen Kapitalbewegungen zu kontrollieren.[13]

Dennoch führten mehrere Faktoren zu einer Liberalisierung der Kapitalströme. Der erste war der *Dollarüberschuss*, der durch internationale Transaktionen der USA zur Finanzierung des Vietnam-Krieges den Weg in die ganze Welt fand. Diese Dollars waren die Basis für den Euro-Dollarmarkt und den Euro-Kreditmarkt, der sein Zentrum in London hatte. Die großen Geschäftsbanken und andere Geldinstitute zapften diesen Markt an, um ihre nationalen und internationalen Aktivitäten zu erweitern. Diese Möglichkeit befreite sie von ihrer Abhängigkeit von Spareinlagen.[14]

Zweitens wuchs die Liquidität des Euro-Kreditmarkts massiv durch den Rückfluss der *OPEC*-Gewinne in der Folge der Ölpreissteigerungen der 1970er Jahre. Bis zum Jahr 1981 häuften die Erdöl exportierenden Länder einen Überschuss von insgesamt $ 475 Milliarden an. Davon wur-

---

[12] Weltbank, Managing Capital Flow in East Asia, Weltbank, Washington D.C. 1996, S. 3.

[13] Henwood, Doug, Wall Street, Verso, New York 1997, S. 107f.

[14] Lissakers, Karin, Bakers, Borrowers and the Establishment, Basic Books, New York 1991, S. 254.

den $ 400 Mrd. in den Industriestaaten angelegt.[15] Das war ein gewaltiger Kapitalstock, der profitable Investitionsmöglichkeiten suchte. Die großen Geschäftsbanken forderten mit Nachdruck größere Freiheit, um diese Gelder weltweit anlegen zu können. Ein Großteil dieser Anlagen ging in die »Dritte Welt«, weil es in diesem Jahrzehnt wenige attraktive Anlagemöglichkeiten im industrialisierten Norden gab. Die Präferenz für Off-Shore-Kredite trug dazu bei, dass die nationalen Regierungen großzügige steuerliche und andere Zugeständnisse machten, damit das Geld wieder zurück ins Land kam.[16]

Ein dritter Faktor war die zunehmende Hegemonie der *neoliberalen Ideologie* des freien Marktes. Sie gewann an Einfluss wegen der wachsenden Schwierigkeiten, die durch die Politik des Keynesianismus (z.B. die »Stagflation«) verursacht wurden. Die Liberalisierung des Handels und die Liberalisierung von Kapitalanlagen waren die beiden Motoren des internationalen Neo-Liberalismus. Als Margaret Thatcher an die Macht kam, erhielt die Liberalisierung des Kapitalverkehrs einen starken Schub, denn sie schaffte in Großbritannien die Kontrolle über Fremdwährungen ab. Unter der Führung von London und der Wall Street begann die Troika aus Deregulierung, Globalisierung und technischer Revolution das Bank- und Finanzwesen umzuformen.[17] Die *Financial Times* nannte diese Lawine, welche die geografischen, institutionellen und regulierende Grenzbalken für die Finanzdienst-Unternehmen hinwegriss, den »global bang«. Die elektronische Revolution der Finanzdienstleistungen machte es notwendig, dass die Regierungen die Regeln aufhoben, änderten oder ignorierten, die seit der Depression der 1930er Jahre das Finanzwesen regulierten und in Sparten unterteilten. In den meisten Ländern dürfen Banken, Sparkassen, Versicherungen und Investmenthäuser alles tun, was früher nur einer Sparte vorbehalten war. Die Demarkationslinien, welche die internationalen Euro-Währungs-Märkte von inländischen Finanzmärkten trennten, verschwammen oder verschwanden vollständig. Die Liberalisierung und die Globalisierung nahmen exponentiell zu, in einer Art »Reflex«, wie Soros es ausdrückte. »Die meisten Regeln sind innerstaatlich ausgerichtet, daher führt die Globalisierung der Märkte zu weniger Regulierung und weniger Regulierung fördert die Globalisierung.«[18]

---

[15] Ebd. S. 36.
[16] Soros, George, The Crisis of Global Capitalism, New York 1999, S. 108.
[17] Lissakers, a.a.O., S. 8.
[18] Soros, a.a.O., S. 119.

Wesensmerkmale des Finanz-Kapitalismus

Die Welle der Liberalisierung folgte drei Hauptsträngen.

Erstens zogen sich die Geschäftsbanken in den 1970er und 80er Jahren aus dem Kreditgeschäft in der »Dritten Welt« zurück, nachdem sie sich dort zu sehr exponiert hatten. An ihrer Stelle traten andere wichtige Mitspieler auf den Plan und legten mächtige Pipelines für internationale Kapitalströme. Die wichtigsten waren Investment-Banken, wie Goldman Sachs, Merryl Lynch, Investmentfonds, Pensionsfonds und Hedge-Fonds.

In diesem Zusammenhang fand noch eine *zweite* Entwicklung statt: Die Rolle der Banken und die herkömmlichen Methoden der Kapitalbeschaffung wurden überschattet durch eine Orientierung auf die Substitution von Bankkrediten durch handelbare Wertpapiere oder den Transfer von Kapital durch den Verkauf von Anteilen oder Rentenpapieren. Während in den Jahren 1976 bis 1980 Kredite einen Anteil von $ 59,4 Milliarden am internationalen Darlehensmarkt hatten und der Anteil der Wertpapiere $ 36,2 Mrd. betrug, kehrte sich das Verhältnis bis 1993 um: bei Wertpapieren auf einen Anteil von $ 521,7 Mrd. und Krediten auf $ 136,7 Mrd.[19]

Drittens explodierten sowohl alte als auch neue Instrumente, wie Wertpapiertausch und Derivate. Wertpapiertausch (swap) nutzt die Unterschiede in Wechselkursen oder Zinssätzen aus, um einen Gewinn zu machen, während es beim Handel mit Derivaten um den Kauf oder Verkauf von »allen Risiken einer Wertanlage geht, ohne mit der Anlage selbst zu handeln«.[20] Derivate sind »sehr esoterische Instrumente, schwer zu verstehen, zu überwachen oder zu kontrollieren«.[21] Zu ihnen gehören solche Instrumente wie Terminabschlüsse, Termingeschäfte, Swaps und Optionsscheine.

Zudem waren viele Transaktionen, auch solche, die Derivate einschließen, immer schwieriger zu überwachen, weil sie »over the counter (über den Ladentisch)« gemacht wurden, d.h. nicht an einer Börse, sondern zwischen wenigen Partnern über Telefon oder Computer. Die Überwachung wurde zusätzlich durch die Tatsache erschwert, dass viele dieser Transak-

---

[19] Hirst, Paul/Thompson, Grahame, Globalisation in Question, Polity Press, Cambridge 1996, S. 40.

[20] Cooper, Jan, »The World of Futures, Forward and Swaps«, in: Mastering Finance, Financial Times, London 1998, S. 335.

[21] Hirst/Thompson, a.a.O., S. 41

tionen, wie Terminabschlüsse, nicht in den Bilanzen aufschienen oder Wertpapiertausch-Geschäfte nicht als Aktiva oder Passiva erschienen. Das machte es sehr schwierig, den finanziellen Status vieler Geldinstitute zu beurteilen.

Der instabile Motor der Globalisierung

Die Globalisierung der Finanzmärkte bedeutet, dass in zunehmendem Maße ihre Dynamik zum Motor des globalen kapitalistischen Systems wurde. Das zunehmend ungleiche Verhältnis zwischen dem Finanzsektor und dem Handel wird erhellt aus folgender Tatsache: Mitte der 1990er Jahre betrug die Summe der Transaktionen auf den Devisenmärkten $ 1,2 Billionen pro Tag. Das entspricht dem Wert des weltweiten Handels mit Gütern und Dienstleitungen eines ganzen Quartals.[22]

Was die Güterproduktion betrifft, warnte die Welthandels- und Entwicklungskonferenz der Vereinten Nationen (UNCTAD) in ihrem Handels- und Entwicklungsbericht von 1991 vor dem »Übergewicht der Finanzen über die Industrie«.[23] Eine Dimension war die immer bedeutendere Rolle der Akteure des Finanzsystems, die Zugang zu immensen Mengen von Finanzkapital besitzen. Sie arbeiten mit Großaktionären zusammen und bewirkten eine Verhaltensänderung von Konzernen, weg von langfristigem Wachstum, signifikanten Forschungs- und Entwicklungsaufwendungen und begrenzten Aktienerträgen hin zu kurzfristigen Gewinnen und steigenden Dividenden. Eine spektakuläre Manifestation dieses Trends war das Phänomen der fremdfinanzierten Übernahmeangebote (Leveraged Buyouts, LBO). Als Pionier gilt Michael Milken von Drexel Burnham Lambert. Firmen mit »unterbewerteten Aktien« wurden für feindliche Übernahmen ausgewählt. Das Management wurde ausgewechselt, die Firmen wurden umstrukturiert, um größere kurzfristige Gewinne zu erzielen und die Dividenden in die Höhe zu treiben.

Während das Phänomen der fremdfinanzierten Übernahmeangebote (LBO) inzwischen an Bedeutung verloren hat, bestimmen Fondsmana-

---

[22] Buira, Ariel, »Key Financial Issues in Capital Flows to Emerging Markets«, in: »International Finance in a Year of Crisis«, United Nations University, Tokio 1998, S. 68.

[23] Zit. In UNCTAD, Trade and Development Report 1998, Genf 1998, S. 1.

ger, besonders die von wachsenden Pensionsfonds, die in Schlüsselindustrien investiert worden sind, weiterhin stark die Performance von Konzernen. Der ehemalige Vorstand der US-Firma Contel beschrieb das so: »Alles in allem gibt es eine Gruppe von Leuten, die Kontrolle über Fortune 500 ausüben. Sie haben keine nachweisbare Managementerfahrung, keine Erfahrung bei der Auswahl von Direktoren, kein glaubhaftes Urteilsvermögen, wie viel für Forschung oder Marketing aufgewendet werden soll. In der Tat keine Erfahrung, außer der, die sie bei der Kontrolle über anderer Leute Geld gesammelt haben.«[24]

Eine andere Dimension der Schieflage zwischen Finanzen und Produktion ist vielleicht noch erschreckender. Es ist die Tatsache, dass das Übergewicht der Finanzen in einem Zusammenhang steht mit dem schwindenden Wachstum oder gar der Deflation, welche in den realen Sparten der Weltwirtschaft schon weit überwiegt. Diese Krise hat ihre Wurzeln in den Überkapazitäten oder im zu geringen Konsum. Das kennzeichnet heute Industrien weltweit, von der Auto-Industrie über Energieversorger zu Investitionsgütern. Ein Merkmal ist die 40%ige Überkapazität der chinesischen Industrie. Ein anderes ist die 30%ige Überkapazität der Autoindustrie weltweit,[25] das war der Zündfunke für eine Welle von Fusionen, wozu unter anderem die Fusion von Chrysler mit Daimler Benz und von Ford mit Volvo gehörten. Ein anderer wichtiger Indikator für diesen Trend ist das so genannte *output gap* oder die Differenz zwischen der tatsächlichen Produktion und der Produktion bei voller Kapazität. Das geschätzte *output gap* der EU bewegte sich nach einer Schätzung des *Economist* bei 2% des BIP über die letzten Jahre, und man geht davon aus, dass es größer wird. Das von Japan hat einen Rekordwert von 7% erreicht. 1999 soll das weltweite *output gap* größer sein als zu irgend einer Zeit seit der großen Depression.[26]

Die verringerten Erträge von Schlüsselindustrien haben dazu geführt, dass das Kapital von der realen Wirtschaft umgeschichtet wurde, um aus dem Finanzsektor »Werte« herauszuquetschen. Das Ergebnis ist ein Spiel globalen Tauschhandels. Das Kapital wird von dem einen zum anderen Finanzmarkt verschoben, um unter Ausnützung der Unzulänglichkeiten des globalen Marktes Profit zu machen. Man nutzt dabei die Unterschie-

---

[24] Zit. bei Henwood, a.a.O., S. 292.

[25] »Bavarians at the Gate«, Economist 13.2.1999, S. 22.

[26] »Could it Happen Again?«, Economist, 20.2.1999, S. 19-23

de in Wechselkursen aus, sucht Unterschiede zwischen »realen« und nominellen Werten von Währungen, oder man tätigt Leerverkäufe von Wertpapieren, d.h. man borgt Anteile, um den Handelswert zu erhöhen, und verkauft dann. Es überrascht nicht, dass die Unstabilität zur zentralen, treibenden Kraft des globalen kapitalistischen Systems als Ganzes wird.

Da die Unterschiede zwischen den Wechselkursen, den Zinssätzen und den Aktienpreisen in den stärker integrierten Märkten der entwickelten Länder geringer sind als in den großen aufstrebenden Märkten Asiens (Emerging Markets) und anderer Länder des Südens, waren die Schwankungen der Kapitalflüsse in diese Gebiete viel ausgeprägter. Obwohl Krisen dem von Finanzen abhängigen globalen kapitalistischen System immanent sind, haben sich in den letzten Jahren die Krisen auf diese aufstrebenden Märkte konzentriert. Das Übergewicht der Finanzen ist dort gepaart mit einer fast totalen Abwesenheit von behördlichen Regulierungen. Die fehlenden Regulierungen auf nationaler Ebene wurden nicht durch globale Regulierungen ersetzt: »Internationale Finanztransaktionen finden in einem Bereich statt, der der Anarchie sehr nahe ist. Zahlreiche Komitees und Organisationen versuchen die nationale Regulierungs-Politik zu koordinieren und handeln internationale Standards aus, aber sie haben keine Exekutivgewalt. Die Cayman-Inseln und Bermuda verfügen nicht nur über schöne Strände, sondern auch über sichere Häfen, die von fast allen Finanzregulierungen und internationalen Abkommen abgeschirmt sind.«[27]

Eine der Ursachen für diesen Mangel an Regulierungen ist der enorme politische Einfluss, den das Finanzkapital inzwischen gewonnen hat. Daher werden Bemühungen, auch nur ein Minimum an Regulierungen einzuführen – so wie die Tobin-Steuer – in den wichtigsten Regierungen des Nordens, besonders in Washington, von einer starken Lobby bekämpft. Die Macht dieser Lobby gründet sich nicht nur auf die Vertretung von Interessen, sondern auch auf die vorherrschende Ideologie des freien Marktes. Nach ihrer Interpretation ist der freie Markt (fälschlich, nach dem Verfechter des Freihandels Jagdish Bhagwati) nicht nur auf den Handel mit Gütern anwendbar, sondern auch auf die Kapitalströme.[28]

---

[27] Krozner, Randall, »The Market as International Regulator«, in: Mastering Finance, Financial Times, London 1998, S. 399.

[28] Bhagwati, Jagdish, »The Capitalm Myth: The Difference Between Trade in Widgets and Dollars«, in: Foreign Affairs, Vol. 27, Nr. 3, Mai 1998, S. 7-12.

Diese Lobby besteht aus Schlüsselfiguren wie dem ehemaligen US-Finanzminister Robert Rubin, einem der Haupt-Anteilseigner der Investment Bank Goldman Sachs, und dem Präsidenten der US-Notenbank Alan Greenspan, der 30 Jahre lang eine Beraterfirma an der Wall Street betrieb. Man taufte sie kürzlich auf den Namen » Wall Street-Treasury Complex« (Wall Street-Finanzministerium-Komplex).[29] Während die republikanischen Regierungen von Ronald Reagan und George Bush das Finanzkapital von der Zwangsjacke der keynesianischen Wirtschaftspolitik befreiten, geschah es unter der demokratischen Regierung von Bill Clinton, dass die Interessen des Finanzkapitals die Übermacht über die Außenhandelspolitik der USA gewannen. Die *New York Times* beschrieb dies folgendermaßen: »Clinton und Rubin ... steigerten die US-amerikanische Leidenschaft für den Freien Handel noch weiter und drängten auf noch mehr Bewegungsfreiheit für das Kapital. Dabei setzten sie erweiterte Möglichkeiten für US-amerikanische Banken, Investmenthäuser und Versicherungen durch«.[30]

Das Finanzkapital und der Süden

Die Integration des Südens in die globalen Kapitalmärkte begann natürlich schon im 19. Jahrhundert, aber dieser Prozess wurde durch die große Depression und den Zweiten Weltkrieg dramatisch abgebremst. Zwischen dem Weltkrieg und den 1970er Jahren bestanden die Kapitalflüsse in den Süden hauptsächlich aus ausländischen Direktinvestitionen und aus multilateralen Hilfsmitteln der Weltbank, des IWF und von regionalen Entwicklungsbanken. Die Integration beschleunigte sich mit den massiven Rückflüssen von Geldern der OPEC in den Süden infolge des Ölpreisschocks der 1970er Jahre.

Am Beispiel von Lateinamerika lässt sich die Veränderung der Kapitalströme deutlich illustrieren. Zwischen 1961 und 65 hatten Regierungsgelder einen Anteil von 59,8% am Kapitalzufluss, 1966-70 sank der Anteil auf 40,4%, 1971-75 auf 25,3% und 1976-80 auf nur mehr 12,1%. Der Anteil ausländischer Direktinvestitionen am Kapitalzufluss sank von

[29] »The Three Marketeers«, Time, 15.2.1999, S. 39, siehe auch Bhagwati, a.a.O., S. 12.

[30] »How US Wooed Asia to Let Cash Flow In«, New York Times, 19.2.1999.

33,7% in der zweiten Hälfte der 1960er Jahre auf nur mehr 15,9% in der zweiten Hälfte der 70er Jahre. Anderseits wuchs der Anteil ausländischer Banken und Fonds rasch von 7,2% in den frühen 1960ern auf 46% in den späten 1970ern und 64,6% in den späten 1980er Jahren.[31]

So wie heute die »verantwortungslosen« Banken und Unternehmen Asiens zu Sündenböcken für die Ostasien-Krise gemacht werden, so waren die »unmoralischen« Regierungen Prellböcke für die Krise, die 1982 ausbrach, und in der Lateinamerika ein Jahrzehnt seiner Entwicklung verlor. Aber damals wie heute trieb das Angebot mehr als die Nachfrage die Kapitalströme in den Süden. Hunderte Milliarden von Dollars aus den OPEC-Ländern lagen in den Tresoren der Geschäftsbanken und suchten gewinnbringende Anlagemöglichkeiten. Der Präsident der Citybank, Walter Wriston, lieferte ein gutes Argument für diese Kapitalströme, indem er das Prinzip für Regierungsanleihen formulierte: »Staaten gehen nicht Bankrott.«[32]

Die treffende Zusammenfassung von Karin Lissakers beschreibt die Dynamik der vom Überangebot getriebenen Kreditvergabe durch die Geschäftsbanken. Während der großen Depression stoppten diese mit voller Absicht die Kreditvergabe an Regierungen. Aber: »Mit einem Überfluss an Ölgeldern und einer lahmen Kreditnachfrage im eigenen Land begannen die Geschäftsbanken wieder Kredite an Entwicklungsländer und ihre Regierungen zu vergeben. Bei den US-Banken entwickelte sich das internationale Kreditgeschäft von einer begrenzten Unterstützung für das Inlandsgeschäft zu einer Aktivität, welche die Bilanzen zu beherrschen begann. Während das Inlandsgeschäft stagnierte, explodierten die internationalen Aktivitäten. Für die zehn größten Banken trugen diese Aktivitäten mit 95% zum Gewinnwachstum während der ersten Hälfte der Dekade bei und machten in den späten 70er Jahren vermutlich die Hälfte ihres gesamten Gewinns aus.«[33]

Während die New Yorker Bankdirektoren bei der Jahreskonferenz von Weltbank und IWF vor den Suiten der Finanzminister der Entwicklungsländer Schlange standen, befanden sich ihre Außendienstmitarbeiter in diesen Ländern »im Wettbewerb um das zustimmende Nicken der Verbände von staatlichen Konzernen und Agenturen«.[34] Am Vorabend der

---

[31] Lissakers, a.a.O., S. 59.
[32] Zit. nach Henwood, a.a.O., S. 224.
[33] Lissakers, a.a.O., S. 45.
[34] Ebd., S. 104.

Zahlungsunfähigkeitserklärung von Mexiko im Jahre 1982 hatten rund $ 400 Milliarden OPEC-Geld ihren Weg in die Bankentresore des Nordens gefunden, und das meiste davon war an Regierungen der Dritten Welt und Osteuropas weitertransferiert worden. Diese wiederum schuldeten dank der Alchemie der Finanzen den Banken kollektiv etwa $ 500 Mrd.

Die Strukturanpassungsprogramme von IWF und Weltbank, die verschwenderische Regierungen disziplinieren sollten, öffneten die Entwicklungsländer paradoxerweise noch weiter für die Kapitalzuflüsse aus den Finanzzentren des Nordens, die ursprünglich den Crash verursacht hatten. Denn während den Staaten strenge fiskalische und monetäre Regeln auferlegt wurden, wurde die Devisenbewirtschaftung aufgehoben und der Kapitalverkehr liberalisiert, mit dem Ziel, den Markt von der Zwangsjacke der staatlichen Regulierung zu befreien. Das Ergebnis war eine dramatisch reduzierte Rolle des Staates als Vermittler zwischen dem heimischen Privatsektor und dem Auslandskapital.

Die rasche Akkumulation von Finanzkapital und die begrenzte Aufnahmefähigkeit im Norden stellten auch in den frühen 1980er Jahren ein Problem dar. Denn die Hochzinspolitik des damaligen Präsidenten der US-Notenbank, Paul Volcker, bremste die wirtschaftlichen Aktivitäten nicht nur in den USA, sondern auch in den Ökonomien der nun finanzpolitisch integrierten G7-Länder. Dass der erbärmliche Zustand der realen Ökonomien der Dritten Welt nicht als Hindernis für den Kapitalzufluss verstanden wurde, offenbarte sich, als die internationalen Kapitalmärkte – nachdem man von 1982 bis 1990 $ 220 Milliarden aus der Region herausgequetscht hatte – ganz plötzlich und auf spektakuläre Art, wie es Duncan Green charakterisierte, begannen, Geld nach Lateinamerika zu pumpen. Nach Jahren des Nettoabflusses erreichte der Nettokapitalzufluss im Jahre 1991 $ 7 Mrd., dann $ 31 Mrd. im Jahr 1992 und $ 32 Mrd. 1993.[35]

Besonders Mexiko war ein Star, es zog 1991 $ 4,5 Mrd. an Auslandsinvestitionen an, $ 15 Mrd. im Jahr 1991, $ 18 Mrd. 1992 und $ 32 Mrd. im Jahre 1993.[36] Ein weiteres Indiz für das Missverhältnis zwischen der Lage

---

[35] Green, Duncan, Silent Revolution, The Rise of Market Economies in Latin America, Cassel, London 1995: 70.

[36] Cameron, Maxwell/Aggarwal, Vinoc, »Mexican Meltdown: Markets and Post-NAFTA Financial Turmoil«, Third World Quarterly, Vol. 17, Nr. 5, 1996, S. 977.

der realen Wirtschaft und der Attraktivität des Finanzsektors: Das BIP sank um 4,5% im Jahre 1990, um 3,6% im Jahre 1991, um 2,8% im Jahre 1992 und um 0,4% im Jahre 1993. Wenn man die Auslandsinvestitionen nach Kategorien aufteilt, zeigen die Zahlen das umgekehrte Verhältnis zwischen der Attraktivität des Finanzsektors und der Attraktivität der realen Wirtschaft. Timothy Kessler betont: »Die große Masse des ausländischen Kapitals wurde in Mexiko investiert mit der klaren Absicht, Zinserträge abzuschöpfen, während nur ein geringer Teil direkt investiert wurde.«[37]

Dass Mexiko und Lateinamerika ganz plötzlich in den frühen 1990er Jahren die Lieblinge der ausländischen Investoren wurden, lag vor allem daran, dass sie zu einem nicht geringen Teil vom IWF und der Weltbank verkuppelt wurden. Wie schon angemerkt, drängten beide Institutionen auf die Liberalisierung des Kapitalverkehrs. Dahinter stand der Wunsch, andere Kanäle für das Kapital zu schaffen, um die offiziellen Regierungskanäle zu ersetzen, die sich als so gefährlich erwiesen hatten. Besonders die Weltbank kam zu dem Schluss, dass Investitionen in Wertpapiere (Portfolio-Investitionen) eine bessere Methode seien, Kapital in die Entwicklungsländer zu schleusen. Das führte dazu, dass mittels Public Relations aus diesen hoch verschuldeten Wirtschaftsräumen »große aufstrebende Märkte« gemacht wurden – eine Phrase, die von einem Weltbank-Mitarbeiter kreiert wurde.[38]

Darüber hinaus gründete die Weltbank durch ihre private Investitionstochter International Finance Corporation (IFC) geschlossene Länderfonds in einigen ausgewählten Ländern. Im Jahre 1986 brachte sie, nach Justin Fox, das Startkapital (Seed money) für den ersten »Emerging Market«-Fonds auf.[39] Dieser Fonds wurde von The Capital Group geleitet, einem Finanzmanagement-Giganten in Los Angeles. Der Fonds war »sehr ertragreich«, mit Ausschüttungen von 24% im Jahr 1997, 1988 – 42%, 1989 – 94%. »Diese Zahlen lockten immer mehr Finanzmanager an, was die Voraussetzungen für den Goldrausch von 1993 schuf...«[40]

---

[37] Kessler, Timothy, »Political Capital, Mexican Policy under Salinas«. World Politics, Vol. 51, Oktober 1998, S. 57.

[38] Fox, Justin, »The Great Emerging Markets Rip-Off«, Fortune 11. Mai 1998 (Internet-Dokument).

[39] Ebd.

[40] Ebd.

Wenn man bedenkt, dass in den entwickelten Wirtschaftsräumen »langweilige 15% pro Jahr so ziemlich der höchste Gewinn ist, den man erwarten kann«,[41] dann ist dieser Goldrausch nur zu verständlich. Oder, wie die asiatische Entwicklungsbank feststellte, »die sinkenden Erträge auf den Aktienmärkten der Industriestaaten und die niedrigen Zinsen vertrieben die Investoren und sie suchten nach höheren Gewinnen an anderen Orten«.[42] Wie auch immer, das Jahr 1993 sah einen Sturm von ausländischem Kapital in die Dritte Welt, heftiger als irgendwann seit den späten 1970er Jahren (dies waren zwar keine Kredite an Regierungen, vielmehr strömte das Kapital in Form von Krediten in den privaten Sektor oder zum Kauf von Aktien und Anleihen).

Die Dynamik dieses Kredit-Bonanza der Jahre 1993 und 1994 wurde von Bernice Cohen in ihrem Buch *The Edge of Chaos* brillant beschrieben: »Der Herdentrieb der einflussreichen Fondsmanager in den USA erregte weltweites Aufsehen, als zwischen 1993 und Dezember 1994 umfangreiche Dollarinvestitionen einen massiven Exodus in die aufstrebenden Märkte in Gang setzten. Diese Blase wurde getragen von einer Welle überschüssiger liquider Mittel, die rastlos nach superprofitablen Anlageplätzen suchten. Die Flutwelle erreichte ihren Höhepunkt, als im September 1993 Analysten von Morgan Stanley China besuchten, begleitet von einer Gruppe von Fondsmanagern, die zusammen $ 400 Mrd. an Geldern ihrer Kunden verwalteten. Nach diesem Besuch und den positiven Ausblicken von Barton Biggs, dem Chef-Investitions-Strategen von Morgan Stanley & Co, schnellten die Aktien Süd-Ostasiens in die Höhe. Der Han Seng Index in Hongkong stieg innerhalb von fünf Wochen um 20%. Als kurz nach diesem Aufschwung die Stimmung bei Morgan Stanley umschlug, sackten eben diese Märkte wieder ab, denn die Investoren folgten in Massen der neuen Empfehlung. Panikartig zogen sie ihr Geld wieder ab. 1993 flossen ca. 40 Mrd. $ in Aktienmärkte außerhalb der industrialisierten Welt. Ca. 106 Mrd. $ an Emerging Market Aktien waren am Ende des Jahres in den Händen von Ausländern. Zwischen Dezember 1993 und Januar 1994 wurden netto 11,5 Mrd. $ an neuen US-Fondsanteilen mit Anlagen in Übersee verkauft. Im zweiten Quartal 1994 stieg der Anteil

---

[41] Cohen, Bernice, »The Edge of Chaos«, John Wiley, New York 1997, S. 348.

[42] Tang, Min/Villafuerte, James, Capital Flows to Asian and Pacific Developing Countries: Recent Trends and Future Prospects, Asiatische Entwicklungsbank, Manila 1995, S. 10.

des Geldes, das seinen Weg nach Lateinamerika fand, auf 77% von 14% in den ersten drei Monaten des Jahres. Sieben Jahre zuvor waren es nur 2,4 Mrd $. In den fünf Jahren von 1998 bis 1993 verdoppelten sich die Kurse der Aktien auf den aufstrebenden Märkten. 1992 betrug der durchschnittliche Kursgewinn 67%, verglichen mit mickrigen 15% bei den Anlagen in Aktien der größten Industrienationen.«[43]

Spekulationskrisen, zwei Fallstudien

Krisen sind diesem System des globalen Finanzkapitals immanent. Sie haben ihre Wurzeln in der Instabilität der Kapitalströme, die versuchen, auch die kurzfristigsten Unterschiede in Zinssätzen, Wechselkursen und Aktienkursen auszunutzen. Seit den frühen 1970er Jahren gab es mindestens acht Krisen, die durch spekulative Kapitalströme ausgelöst wurden. Sie alle konzentrierten sich auf die aufstrebenden Märkte: Die Finanzkrise des »südlichen Dreiecks« (Argentinien, Chile, Paraguay, Uruguay) in den späten 1970er Jahren, die Schuldenkrise der Dritten Welt in den frühen 1980ern, das Spar- und Kreditdebakel der USA in den späten 1980er Jahren, die Krise des Wechselkursmechanismus des Europäischen Währungssystems im Jahre 1992, die mexikanische Krise von 1994/95 und die darauf folgende Krise in Lateinamerika (der so genannte Tequila-Effekt), die Ostasienkrise von 1997, die russischen Einbrüche der Aktienkurse von 1998 und der Zusammenbruch des Real (der brasilianischen Währung) und seine Auswirkungen auf den Rest Lateinamerikas.[44]

Eine genaue Betrachtung zweier Fälle – der mexikanischen und der Ostasienkrise – erhellt einige gemeinsame Mechanismen dessen, was UNCTAD als die »Post-Bretton-Woods Finanzkrise« bezeichnet hat.

Mexiko, eine Überangebotskrise

Das Beispiel Mexiko hat zwei herausstechende Merkmale: Das erste war der massive Anstieg der Kapitalzuflüsse aus dem Ausland. Das Land erhielt in nur vier Jahren $ 91 Mrd., das entspricht 20% der gesamten Kapi-

---

[43] Cohen, a.a.O., S. 347f.

[44] Diese Liste basiert auf verschiedenen Quellen, u.a. dem Handels- und Entwicklungsbericht 1988 des UNCTAD, Genf; Eichengreen, Barry/Mathieson, Donald, Hedge Funds and Financial Market Dynamics, Occasional Paper 166, Internationaler Währungsfonds, Washington D.C. 1998.

talzuflüsse in alle Entwicklungsländer.[45] Dieser Anstieg war zweitens hauptsächlich ein angebotsgetriebenes Phänomen, das eine schmale Basis in den tatsächlichen Aussichten der Realwirtschaft hatte. Diese verzeichnete nämlich in den Jahren des Finanzbooms ein Abnehmen des BIP-Wachstums, eine Arbeitslosigkeit von ca. 40% der arbeitenden Bevölkerung, wobei ca. die Hälfte der Bevölkerung unterhalb der Armutsgrenze lebte. All das war ein Erbe der Strukturanpassungen, die der Wirtschaft nach dem Schuldendebakel der 1980er Jahre auferlegt wurden.[46] Das Missverhältnis zwischen den trüben Aussichten der Realwirtschaft und den rosigen Erwartungen der Investoren wurde festgehalten in den Beobachtungen der Weltbank. »Die Geschwindigkeit und das Ausmaß des Anschwellens privater Geldflüsse [nach Mexiko und in andere hoch verschuldete Länder] in den 90er Jahren überraschte viele Beobachter.« »Die Flut von kommerziellen Krediten in den 70er Jahren, wie fehlgeleitet auch immer, machte die Entwicklungsländer zu Objekten eines anhaltenden Interesses internationaler Finanziers.«[47]

Allerdings war dieser Prozess nicht nur vom Überangebot verursacht, haben doch die Technokraten finanzpolitische Maßnahmen ergriffen, die fremdes Geld in das Land locken sollten. Dennoch ist es schwer zu glauben, dass diese Maßnahmen nur auf heimischen Ideen beruhten. Die Zinsen wurden auf einem wesentlich höheren Niveau gehalten als in den Finanzzentren des Nordens. Ein Investor, der am Geldmarkt in New York borgte, »konnte vom Unterschied zwischen 5 bis 6% in Nordamerika und 12 bis 14% in Mexiko profitieren«.[48] Das Kalkül der Regierungspolitik war, durch Käufe und Verkäufe auf den Devisenmärkten den *Wechselkurs* zwischen Peso und Dollar auf informelle Art zu fixieren, um sicherzustellen, dass ausländische Investoren nicht durch Abwertungen abgeschreckt würden, die den Wert ihrer Investitionen verringern würden.

Wie Jeffrey Sachs feststellte, war die Rolle externer Akteure bei der Förderung dieser Politik keineswegs unbedeutend: Die Finanzbehörden

---

[45] Fanelli, Jose Maria, »Financial Liberalization and Capital Account Regime: Notes on the Experience of Developing Countries«, in: International Money and Financial Issues for the 1990s. UNCTAD, Genf 1998, S. 8.

[46] Ein Bericht darüber findet sich in Bello, Walden, Dark Victory, Institute for Food and Development Policy, Oakland 1994, S. 37-42.

[47] Weltbank, Managing Capital Flows in East Asia, Washington D.C. 1996, S. 5f.

[48] Greider, William, One World, Ready or Not: The Manic Logic of Global Capitalism, Simon and Schuster, New York 1997, S. 260.

»gerieten unter den Einfluss von Anlagemanagern, die eine Wechselkursanbindung unterstützten«, mit dem Argument, dass »nur ein stabiler Wechselkurs das Vertrauen begründen könne, das für große Kapitalzuflüsse nötig sei«.[49] Schließlich war da die Deregulierung des Finanzwesens und des Kapitalverkehrs, und auch hier spielten externe Institutionen eine zentrale Rolle. Die Strukturanpassungsprogramme, die der IWF und die Weltbank in den 1980er Jahren auflegten, zielten nicht nur auf die Liberalisierung des Außenhandels, sondern auch des Kapitalverkehrs. Der Beitritt des Landes zur Organisation für wirtschaftliche Zusammenarbeit und Entwicklung (OECD) im Jahre 1993 war ganz entscheidend, denn diese forderte die vollständige Aufhebung aller Beschränkungen für den Kapitalverkehr.[50]

Diese Entwicklung war besonders signifikant, da ein Großteil der ausländischen Investitionen in Staatspapieren angelegt wurde. Vor 1990 war der Handel mit diesen Papieren beschränkt, aber die Liberalisierung durch den IWF und die OECD machten sie zum Ziel ausländischer Spekulanten.[51] *Cetes* waren Bundesschatzzertifikate auf Peso-Basis und *Tesebonos* waren Bundesschatzobligationen mit Dollar-Basis. Am Vorabend der Finanzkrise wurden *Cetes* im Gesamtwert von $ 7,5 Mrd. ausgegeben und *Tesebonos* kamen auf $ 17,8 Mrd.[52] 1993 besaßen ausländische Investoren 60% der kurzfristigen *Cetes,* 87% der *Tesebonos* und 57% der Inflations-indizierten Obligationen oder *ajustabonos.*[53] Diese Staatspapiere waren so begehrt, dass der Kauf durch Ausländer zwischen 1991 und August 1994 um 756% zunahm.[54]

Der Zustrom einer derart großen Menge fremden Kapitals verursachte eine reale Aufwertung der Währung, sodass die Exporte Mexikos auf dem Weltmarkt immer weniger konkurrenzfähig wurden. Zudem entstand ein Konsumrausch, der die Importe in die Höhe trieb, denn die De-Industrialisierung des Landes als Folge der Strukturanpassung bewirkte, dass der Bedarf an kurz- und langlebigen Konsumgütern durch die heimische Industrie nicht mehr gedeckt werden konnte. Daraus erwuchs ein Leistungsbilanzdefizit, das bis 1994 8-8,5% des BIP erreichte, worüber die auslän-

---

[49] Sachs, Jeffrey, »Personal View«, Financial Times, 30.7.1997.
[50] Buira, a.a.O. S. 7.
[51] Ebd.
[52] Cameron/Aggarwal, a.a.O., S. 977.
[53] Kessler, a.a.O., S. 57.
[54] Ebd.

dischen Investoren besorgt waren. Damit wird die paradoxe Situation deutlich, die durch den Kapitalzustrom entstand. Wie Ariel Buira schreibt: »Da die Zuströme schließlich zu einem steigenden Leistungsbilanzdefizit führen, werden die nämlichen Investoren, die ganz wild darauf waren, ihr Kapital einzubringen, und plötzlich das Ausmaß des Defizits bemerken, nervös. Investoren können zu Überreaktionen auf jedwede ungünstige Entwicklung neigen und ihr Geld abziehen, damit tragen sie zum Entstehen einer Krise der Zahlungsfähigkeit bei. So führen Kapitalzuflüsse – ein Zeichen für Erfolg – zu einem Leistungsbilanzdefizit und bewirken so, ironischerweise, die Schwäche des Landes.«[55]

Besorgt über die unstabile makroökonomische Situation, zu der sie selbst kollektiv beitrugen, begannen im Jahre 1994 einzelne Investoren auszusteigen. Das gähnende Loch in der Leistungsbilanz wurde zu einer zusätzlichen Quelle von Instabilität, denn Währungsspekulanten, heimische und ausländische Investoren setzten ab November 1994 den Peso unter massiven Druck, weil sie erwarteten oder spekulierten, dass die Regierung »korrigierend« eingreife (d.h. per Abwertung), um das Defizit zu reduzieren. Dieser Druck ließ erst nach, als Ende Dezember der Wechselkurs freigegeben wurde und der Peso prompt die Hälfte seines Nominalwertes verlor. Diese gemeinsame Attacke von in Panik geratenen Spekulanten und Investoren, die versuchten, ihre Pesos gegen Dollars zu tauschen und nichts wie weg wollten, um der erwarteten Abwertung zuvor zu kommen, diese Attacke war einfach zu stark, als dass die Regierung sie hätte abwehren können. Am 21. Dezember gab die Zentralbank $ 4,5 Mrd. der ohnehin schon fast erschöpften Reserven aus, in einem vergeblichen Versuch, den Peso zu verteidigen.[56] Eine massive Abwertung war unvermeidlich und Mexiko stürzte in seine zweite Finanzkrise inerhalb von nur 13 Jahren.

Südostasien: Volatilität versenkt ein Entwicklungsmodell

Im Fall von Südostasien folgte die Flut von Anlageinvestitionen und kurzfristigen Bankkrediten in den frühen 1990er Jahren einer Flut von ausländischen Direktinvestitionen, die Mitte der 1980er Jahre begonnen hatte. Dieser plötzliche Zufluss von Investitionen erlöste die Region aus der Rezession der mittleren 1980er Jahre und aus den Nachwirkungen des

---

[55] Ebd., S. 62.

[56] Cameron/Aggarwal, a.a.O., S. 977ff.

Rückzugs von Bankkrediten an die Dritte Welt nach der Schuldenkrise der frühen 80er. Ein beträchtlicher Anteil dieses Zuflusses kam aus Japan als direkte Folge des »Plaza Accords« von 1985, der den Yen relativ zum Dollar und anderen wichtigen Währungen drastisch aufwertete und japanische Produzenten zwang, einen bedeutenden Anteil ihrer arbeitsintensiven Tätigkeiten von Japan nach Südostasien zu verlegen.

Zwischen 1985 und 1990 flossen japanische Direktinvestitionen im Wert von etwa 15 Mrd. $ in die Region in einer der größten und raschesten Kapitalbewegungen in die Entwicklungsländer der jüngsten Geschichte.[57] Japanische Direktinvestitionen wurden begleitet von zusätzlichen Milliarden von Dollar in bilateraler Hilfe und Bankdarlehen. Außerdem veranlassten sie einen zusätzlichen Strom von Dollarmilliarden von ausländischen Direktinvestitionen aus den neu industrialisierten Wirtschaften (Taiwan, Hong Kong, Südkorea) der ersten Generation.

Es war dieser Wohlstand, der Anlageinvestitionen und Banken anzog. Mit dem Zusammenbruch von Mexiko im Jahr 1995 und nach einem kurzen Moment der Verunsicherung, in dem sie ihr Engagement in Asien reduzierten, kanalisierten Fondsmanager den größten Brocken ihrer Investitionen und Darlehen in die Märkte der Entwicklungsländer in der ostasiatischen Region. Die Interessen spekulativer Investoren, die bessere Gefilde als die wenig ergiebigen Kapitalmärkte des Nordens und die hochriskanten lateinamerikanischen suchten, fielen zusammen mit der Suche von asiatischen Technokraten nach alternativen ausländischen Kapitalquellen, um die Flaute auszugleichen, die das Abflachen des japanischen Kapitals in den frühen 1990er Jahren verursachte.

Auf Rat von Fondsmanagern und des IWF hin folgte Thailand dem Beispiel Mexikos und formulierte eine Drei-Punkte-Strategie: Liberalisierung der Kapitalkonten und des gesamten Finanzsektors; Aufrechterhaltung hoher inländischer Zinsraten in Relation zu den Zinsraten in den Finanzzentren des Nordens, um damit Anlageninvestitionen und Bankenkapital anzuziehen; Bindung der lokalen Währung zu einem stabilen Kurs an den Dollar, um ausländische Investoren gegen Währungsrisiken zu sichern.

Der Zufluss von Anlagekapital sowohl in Vermögensanlagen als auch in Wertpapieranlagen stieg an, ebenso Kredite internationaler Banken an thailändische Finanzinstitute und Unternehmen, die den großen Unter-

[57] Zahlen des japanischen Finanzministeriums.

schied zu nutzen suchten zwischen den relativ niedrigen Sätzen, zu denen sie von Banken der Geldzentren des Nordens liehen, und den hohen Sätzen, zu denen sie an lokale Kreditnehmer verleihen würden. Die Dynamik dieser Aktivitäten beschreibt prägnant ein Investmentanalyst: »Seit 1987 hat die thailändische Regierung die Währung an den Dollar in einer Bandbreite von 25-26 [Bath] gekoppelt, während sie die inländischen Zinsen 500-600 Punkte höher hielt als die US-Zinsen und die Grenzen für den Kapitalverkehr offen hielt. Thailändische Kreditnehmer tendierten zu Dollardarlehen, und die kommerziellen Banken ermöglichten ihnen diese mit dem Resultat, dass die thailändischen Banken Auslandsverpflichtungen in der Höhe von 20% des BIP haben. Die Kreditnehmer konvertierten in Bath bei der Bank of Thailand, dem letztendlichen Erwerber von Auslandswährung. Gespeist mit billigem Geld wuchs die thailändische Wirtschaft schnell, die Inflation stieg und das Leistungsbilanzdefizit wurde aufgebläht.«[58]

Kurzfristig war diese Formel äußerst erfolgreich. Die Nettoinvestitionen erreichten etwa 24 Mrd. $ in den drei Jahren vor dem Ausbruch der Krise 1997, während weitere 50 Mrd. $ als Darlehen an die Banken und Unternehmen in Thailand flossen. Diese Ergebnisse ermutigten die Finanzminister und Zentralbanken in Kuala Lumpur, Jakarta und Manila, die thailändische Formel nachzuahmen – mit ähnlich spektakulären Erfolgen. Nach dem Washington Institute of International Finance schoss der private Kapitalfluss nach Indonesien, Malaysia, den Philippinen, Thailand und Korea von 27,9 Mrd. $ (1994) hoch auf 79,2 Mrd. (1995) und 97,1 Mrd. (1996).[59]

Im Rückblick allerdings illustriert Thailand den verhängnisvollen Fehler eines Entwicklungsmodells, das auf riesigen und schnellen Zuflüssen von Auslandskapital beruht.

Erstens war da, ebenso wie in Mexiko, der Widerspruch zwischen der Ermutigung des Zuflusses von Auslandskapital und dem Festhalten an einem Wechselkurs, der die Exporte des Landes auf dem Weltmarkt wettbewerbsfähig macht. Das Erstere verlangte eine stabil an den Dollar gekoppelte Währung, um Auslandsinvestoren anzuziehen. Als der Dollar 1995 und 1996 stieg, folgten ihm die südostasiatischen Währungen – also

---

[58] HG Asia (1996), Communique: Philippines, Hong Kong: HG Asia (Internet-Dokument).

[59] Institute of International Finance, capital Flows to emerging Market Economies, 30. April 1998, S. 3.

auch die internationalen Preise der südostasiatischen Exporte. Dieser Prozess traf die Wettbewerbsfähigkeit dieser Wirtschaften schwer, die ja auf Wachstum aufgrund von andauernd steigenden Exporten gesetzt hatten.

Das zweite Problem bestand darin, dass die Masse der einfließenden Mittel aus spekulativem Kapital bestand, das hohe und schnelle Gewinne suchte. Bei der geringen Regulierung seiner Bewegung durch die Regierung, die sich an die *Laissez-faire*-Ideologie des IWF verkauft hatte und keine Erfahrung mit der Handhabung solch massiver Zuflüsse hatte, strebte das Auslandskapital nicht in den heimischen Produktionssektor oder die Landwirtschaft, denn diese wurden als wenig gewinnbringend betrachtet. Ordentliche Ergebnisse hätten sich hier auch erst auf lange Sicht nach der Investition dieser riesigen Kapitalsummen ergeben. Die profitträchtigen Sektoren mit schnellen Rückflusszeiten, zu denen die Auslandsinvestitionen und -kredite tendierten, waren die Börse, die Konsumfinanzierung und besonders die Immobilienentwicklung. In Bangkok lagen die Grundstückpreise zur Zeit des Immobilienbooms in den frühen 1990er Jahren höher als in den Städten Kaliforniens.

Wie vorauszusehen, entwickelte sich überall schnell eine Immobilienschwemme, wobei Bangkok mit 20 Mrd. $ unverkauften neuen Büro- und Wohnraum in Führung lag. Auslandsbanken hatten miteinander gewetteifert, indem sie thailändischen Banken, Finanzgesellschaften und Unternehmen in den Boomjahren der frühen 1990er Darlehen aufdrängten. 1996 dämmerte ihnen, dass die Schuldner mit faulen Krediten überlastet waren.

Zur gleichen Zeit begannen die Alarmglocken aufgrund des geringen Exportwachstums für 1996 (einem erstaunlichen Nullwachstum im Fall von Malaysia und Thailand) und der wuchernden Leistungsbilanzdefizite zu läuten. Da ein Devisenüberschuss dank ständig wachsender Exporte von Waren und Dienstleistungen die letztliche Garantie dafür war, dass die massiven Auslandsschulden, die der Privatsektor aufgenommen hatte, zurückgezahlt würden, war dies ein kräftiger Rückschlag für das Vertrauen der Investoren. Was die Investoren allerdings nicht begriffen, war, dass gerade die Politik, eine starke Währung mit der Absicht aufrecht zu erhalten, sie ins Land zu ziehen, auch der Grund für den Exportzusammenbruch war. Was auch viele nicht begriffen: Die Qualitätsverbesserung des Exports, die dem Anstieg der Exportpreise entgegengewirkt haben könnte, wurde durch den Zufluss ausländischen Geldes in spekulative Sektoren der Wirtschaft untergraben, da Produzenten ihre Investitionen dahin leiteten, um schnelle Renditen zu realisieren, anstatt sie in den harten Weg der Forschung und Entwicklung und der besseren Ausbildung der Arbeiterschaft zu investieren.[60]

1997 war es Zeit auszusteigen. Wegen der Liberalisierung des Kapitalwesens gab es keinen Mechanismus, den Abfluss der Mittel zu bremsen. Da Hunderte von Milliarden Bath einer begrenzten Summe von Dollar nachjagten, konnte der Abfluss des Kapitals äußerst destabilisierend wirken. Viele große institutionelle Mitspieler und Banken begannen das Land zu verlassen. Was aber einen nervösen Abschied zur katastrophalen Panik werden ließ, war die spekulative Aktivität von Hedge-Fonds und anderen Vermittlern, die in Erwartung der schließlichen Abwertung des überbewerteten Bath durch die Regierung zur Dämpfung des gähnenden Leistungsbilanzdefizits dies in der Tat noch beschleunigten, indem sie riesige Summen von Bath auf der Suche nach Dollars abluden.

Hedge-Fonds waren im thailändischen Debakel besonders bösartig. Diese Fonds sind im Wesentlichen Investment-Partnerschaften. Beschränkt auf die sehr Reichen, haben sie ihren Sitz in den steuerfreien Off-shore-Zentren und sind kaum reguliert. Sie spezialisieren sich darauf, kurz- und langfristige Positionen in verschiedenen Währungen, Wertpapieren und Aktien zu kombinieren, um daraus Profit zu ziehen. Diese Fonds hatten den thailändischen Bath seit 1995 angegriffen. Der spektakulärste Angriff ereignete sich am 10. Mai 1997, als an nur einem Tag Hedge-Fonds »in einem globalen Angriff 10 Mrd. US $ gegen den Bath«[61] gesetzt haben sollen. Von den 28 Mrd. $ Vorausbuchung der *Bank of Thailand* Ende Juli 1997 wurden – entsprechend einem IWF-Bericht – etwa 7 Mrd. $ »von Marktteilnehmern als Transaktionen direkt mit Hedge-Fonds angesehen. Hedge-Fonds mögen auch die Bath im voraus durch Offshore-Partner oder Onshore-Banken im In- und Ausland verkauft haben, die ihre Positionen dann an die Zentralbank weitergereicht haben.«[62]

Unter solchen Angriffen verlor die *Bank of Thailand* schließlich die gesamten 38,7 Mrd. $ Devisen, die sie Ende 1996 besessen hatte. Am 2. Juli 1997 wurde die jahrzehntelange Koppelung von 25 Bath an je einen

---

[60] Vgl. HG Asia (1996), Communique: Thailand, »Thailand – Worth a Nibble Perhaps but not a Bite«, HG Asia, Hong Kong (Internet-Dokument).

[61] Khantong, Thanong, »The Currency War Is the Information War«, Rede auf dem Seminar-Workshop »Improving the Flow of Information in a Time of Crisis: the Challenge to the Southeast Asian Media«, Subic, Philippines, 29.-31.10.1998.

[62] Eichengreen/Mathieson, a.a.O., S. 17.

Dollar aufgehoben und die Thai-Währung verlor in wenigen Monaten 50% ihres Wertes.

In Jakarta und Kuala Lumpur ereignete sich das gleiche Zusammentreffen von massivem Kapitalzufluss, Immobilienschwemme und Leistungsbilanzdefizit. Dieselbe Nervosität herschte, aber es war der Kollaps des Bath, der die Panik unter den ausländischen Investoren auslöste. Die tödliche Dynamik von Kapitalflüssen, von Kapital- und Devisenkontrollen ist in einem Bericht von Jeffrey Winters über die Massenpanik unter einer Reihe von Strategen der Anlageinvestmentszene, den so genannten EMFMs (Emergency Market Fund Managers), erfasst: »Plötzlich erhältst du die beunruhigende Nachricht, dass Thailand in ernsthaften Schwierigkeiten ist, und du musst sofort entscheiden, was du mit deinen Investitionen in Malaysia machen sollst. In dem Moment beginnt das psychologische Fluchtsyndrom. Erstens fragst du dich, ob die beunruhigende Nachricht über Thailand auch Malaysia betrifft. Du denkst zwar nein, aber du bist nicht sicher. Zweitens musst du sofort strategisch überlegen, wie andere EMFMs und unabhängige Investoren reagieren werden, und natürlich überlegen die gleichzeitig, wie du reagieren wirst. Und drittens bist du dir voll bewusst, wie alle anderen Manager auch, dass die ersten, die verkaufen, sobald ein Markt sich ins Negative dreht, am wenigsten geschädigt werden, und die in der Mitte und am Schluss den größten Wert ihrer Anlagen verlieren werden – und wahrscheinlich aus ihrer Position als EMFM auch noch entlassen werden. In einer Situation geringer Durchschaubarkeit des Systems wird die vernünftige Reaktion darin bestehen, zu verkaufen und auszusteigen. Bedenke, selbst wenn du gute Verbindungen zur malaysischen Regierung und zur Geschäftswelt hast, die dir sehr zuverlässige Information liefern können, dass das Land gesund ist und nicht unter den gleichen Problemen leidet wie Thailand, wirst du doch verkaufen und aussteigen. Warum? Weil du nicht ignorieren kannst, wie sich andere Investoren wahrscheinlich verhalten. Da sie nicht wie du Zugang zu der zuverlässigen Information haben, ist es sehr wahrscheinlich, dass ihre Unsicherheit sie veranlassen wird, den Ausstieg zu wählen. Wenn du zögerst, während sie schleunigst ihre Anteile verkaufen, wird der Markt rasch absacken und der Wert deiner Anlagen sich vor deinen Augen in Luft auflösen.«[63]

[63] Winters, Jeffrey, »The Financial Crisis in Southeast Asia«, Dokument, vorgelegt zur »Conference on the Asian Crisis«, Murdoch University, Fremantle, Western Australia, August 1998.

Winter kommt zu einer radikal anderen Schlussfolgerung als Adam Smith, der glaubt, dass die unsichtbare Hand des Marktes den größten Gewinn für die größte Zahl von Beteiligten bringt. Winter sagt: »Die Kettenreaktion wurde von Devisenhändlern und Managern großer Pakete von Kapitalanlagen ausgelöst, die unter heftigem Konkurrenzdruck arbeiten, der sie zu Verhalten veranlasst, das für das Gesamtsystem, besonders für die beteiligten Länder, offensichtlich irrational und destruktiv, aber subjektiv bezüglich der Hoffnung auf individuelles Überleben rational und notwendig ist.«[64]

Die drei Richtungen in der Debatte um eine globale Finanzreform

Als Reaktion auf die oben ausgeführten tausenderlei Situationen gibt es ebenso viele Vorschläge für eine Reform der Weltfinanzpolitik. Sie reichen von Konzepten eines präventiven Krisenmanagements über Empfehlungen einer Reform des IWF bis hin zu verschiedenen Ideen für die Einrichtung einer Weltfinanzaufsicht.[65]

Statt sie einzeln und nacheinander zu betrachten, möchten wir lieber zum Kern vorstoßen, indem die Interessen und Ideologien, die die unterschiedlichen Vorschläge bedienen, aufgezeigt und die wichtigsten Vorschläge in drei Kategorien eingeteilt werden. Natürlich widersetzen sich einige einer klaren Bestimmung, andere bieten einen eklektischen Begriffsapparat. Dennoch ist es der grundlegende Tenor der Vorstellungen, den wir darzustellen versuchen.

Den ersten Ansatz bezeichne ich als »Es sind die elektrischen Leitungen, nicht die Architektur«, den zweiten könnte man als »Rückkehr zum Bretton-Woods Abkommen«, und den dritten als »Es ist das Entwicklungsmodell, du Trottel« bezeichnen.

»Es sind die elektrischen Leitungen, nicht die Architektur«[66]

Man könnte annehmen, dass dies grundsätzlich die US-Position ist, obwohl dieser Ansatz von vielen der G7-Staaten – mit Ausnahme Japans – mitgetragen wird. Der grundlegende Gedanke besteht darin, dass das ak-

---

[64] Ebd.

[65] Eine Liste der relevanteren Vorschläge findet sich in Eichengreen, Barry, Toward a New Financial Architecture, Institute for International Econonomics, Washington D.C. 1999.

tuelle Finanzsystem in seiner Struktur grundsätzlich solide und eine Reform nicht zwingend nötig ist. Alles ist lediglich eine Frage der Ausgestaltung dieses Systems.

Diese Schule legt den Schwerpunkt auf eine Reform der Finanzsektoren der krisenhaften Ökonomien durch wachsende Transparenz, strengere Antikorruptionsgesetze und Vermeidung des »moral hazard«. Besonnene Regulierung unter Berücksichtung der zentralen Prinzipien, die das Baseler Komitee der Bankaufsicht entworfen hat, und ein wachsender Kapitalzufluss aus dem Ausland sollen nicht nur finanzschwache Banken rekapitalisieren, sondern auch das lokale Finanzsystem durch die Integration von Auslandsinteressen stabilisieren.

Für die Vertreter der Angebotsseite im Norden bedeutet dieses eine freiwillige Berücksichtigung der Baseler Prinzipien, obwohl es im Falle von Verlusten, verursacht durch Kasinokapitalisten, deren ruinöse Aktionen die gesamte globale Ökonomie beeinträchtigen, zu einer zeitlich begrenzten Intervention der Regierung kommen müsste (wie im Falle der Rettungsaktion, die Ende 1998 durch ein Konsortium New Yorker Banken, angeführt durch die Reserve Bank in New York, für den Long Term Capital Management-Hedge Fonds organisiert wurde, nachdem dieser durch die russische Finanzkrise aufgelöst worden war).[67]

Das Weitestgehende, worauf sich die G7-Staaten bezüglich der umstrittenen Hedgefonds haben einigen können, ist, eine Erklärung vom Oktober 1998, die die Notwendigkeit betont, »die Bedingungen zu un-

---

[66] Folgende Abhandlungen folgen diesem gedanklichen Ansatz: Group of 22, »Reports on the International Financial Architecture, Working Groups on Transparency and Accountability, Strengthening the Financial System, and International Financial Crises«, October 1998; Goldstein, Morris, The Asian Financial Crises: Causes, Cures, and Systemic Implications, Institute for International Economics, Washington, D.C. 1998; Rubin, Robert, Implications, Institute for International Economics, Washington, D.C. 1998; Rubin, Robert, »Strengthening the Architecture of the International Financial System«, Rede vor der Brookings Institution, Washington D.C., 14. April 1998 (Internet-Dokument); Fischer, Stanley, »On the Need for an International Lender of Last Resort«, Papier für das Arbeitsessen der American Economic Association und der American Finance Association, New York, 3.1.1999; Eichengreen, Barry, Toward a New International Financial Architecture, Institute for International Economics, Washington D.C. 1999.

[67] Der Präsident der Federal Reserve wandte sich während der Anhörungen vor dem US-Kongress im Oktober 1998, als das LTCM-Fiasko auftrat, explizit gegen die Regulation von Hedge Fonds. Vgl. Ignatius, David, »Policing Hedge Funds: Who's in Charge Here?«, International Herald Tribune, 22.2.1999, S. 6.

tersuchen, die durch Finanzoperationen unter dem Einfluss von ausländischem Kapital einschließlich Hedgefonds und Offshore-Kapital entstehen, und die Offshore-Zentren aufzufordern, mit internationalen Standards zu kooperieren«.[68]

Unter dem Blickwinkel einer multilateralen Strategie unterstützt dieser Ansatz die Ausdehnung der Macht des IWF, und zwar nicht nur dadurch, dass Ländern, die anfällig für Spekulationsattacken sind, eine umfassendere Unterstützung zur Verfügung gestellt werden soll. Es sollen auch neue Richtlinien der Kreditvergabe, wie z.B. die »contingency credit line,« entwickelt werden. Zugang zu diesen Mitteln haben allerdings nur die Länder, die ihre Wirtschaftspolitik entsprechend der Strategie des IWF ausrichten.

Obwohl in der Weltpresse der Konflikt zwischen den USA und den anderen G7-Staaten eine große Rolle spielte, scheinen die realen Konflikte nur eine Randbedeutung zu haben. Frankreich und Deutschland (zumindest zu der Zeit, als Lafontaine noch Finanzminister war) haben, mit einer gewissen Unterstützung von Japan, die Einrichtung einer Zone vorgeschlagen, in der die Schwankungen zwischen Yen, Dollar und Euro niedrig gehalten werden sollten. Es gibt definitiv keine Vorschläge der EU, den Kapitalfluss auf der Angebotsseite zu kontrollieren.

Japan hat dem IWF weitere Vorschläge unterbreitet, diese sind aber lediglich Variationen der Positionen der US-Regierung oder einiger US-Think-tanks. Sie beinhalten die Idee einer größeren Aufsicht des IWF bei der Hedgefondsvergabe sowie die Idee, dass der IWF private Kreditgeber und Investoren dazu motivieren soll, sich an Rettungsprogrammen zu beteiligen. Ein weiterer Vorschlag beinhaltet die Vergabe von Vorzugskrediten an die Länder, die eine angepasste Wirtschaftspolitik betreiben und spekulativen Attacken ausgesetzt sind. Letztere Idee ist vergleichbar mit Clintons Konzept der »contingency credit line«.[69]

Alles in allem ist offensichtlich, dass die Umstrukturierung der finanziellen Unterstützung von Entwicklungsländern den Standards des Nordens folgt, dessen Hauptziel es ist, den globalen Kapitalfluss abzusichern

---

[68] Zit. nach United Nations, »Towards a New Financial Architecture: a Report of the Task force of the Executive Committee on Economic and Social affairs of the United Nations«, New York, United Nations, 21.1.1999.

[69] Nach der Zusammenfassung in David de Rosa, »Miyazawas's Big Ideas on How to Run the IMF«, Bloomberg News column, abgedruckt in: Manila Times, 3.3.1999, S. 13.

und den Zugriff auf den Kapitalfluss der Entwicklungsländer zu vertiefen und zu verstärken.

Rückkehr zum Bretton-Woods System

Der zweite Ansatz enthält Ideen einer stärkeren globalen Kontrolle, wie die Tobinsteuer oder ihre Varianten.[70] Die Tobinsteuer ist eine Transaktions-Steuer auf Kapialzu- und -abflüsse, die auf spekulative Kapitalbewegungen an allen Knotenpunkten der Weltwirtschaft erhoben wird. Der erwartete Effekt besteht darin, »Sand ins Getriebe« des globalen Kapitaltransfers zu streuen. Die Kontrollen auf dem internationalen Markt können durch Regelungen des nationalen Marktes ergänzt werden. Ein Modell solcher Maßnahmen war die chilenische Initiative, das Auslandskapital zu kontrollieren, indem die Portfolio-Investoren aufgefordert wurden, 30% ihres Investitionskapitals für ein Jahr auf der Zentralbank zu deponieren, um so die Begrenzung einer massiven Kapitalzufuhr zu erreichen.[71] Unter vielen Beobachtern gibt es auch eine unverhohlene Bewunderung für den malaysischen Ministerpräsidenten Mohamad Mahathir, dessen strenge Maßnahmen einen festen Wechselkurs, den Rückzug der nationalen Währung aus der internationalen Zirkulation und das einjährige Festhalten des Fremdkapitals im eigenen Land beinhalteten.[72]

Als ergänzende Maßnahmen halten Befürworter der Tobinsteuer regionale Kontrollen für wünschenswert und realisierbar. Der Asiatische Währungsfonds wird als attraktiver und arbeitsfähiger Vorschlag angesehen, der wiederbelebt werden sollte. Er wurde von Japan auf dem Gipfel

---

[70] Folgende Dokumente können diesem Ansatz zugerechnet werden: United Nations, »Towards a New Financial Architecture: a Report of the Task force of the Executive Committee on Economic and Social affairs of the United Nations«, New York, United Nations, 21.1.1999; UNCTAD, »The Management and Prevention of financial Crises«, Trade and Development Report 1998, UNCTAD, Geneva 1998, S. 83-110; Rodrik, Dani, »The Global Fix«, in: New Republic, 2.11.1998 (Internet-Dokument); Eatwell, John/Taylor, Lance, »International Capital Markets and the Future of Economic Policy«, CEPA Working Paper, Nr. 9, Centre for Economic Policy Analysis (CEPA), New School for Social Research, New York, September 1998; Culpeper, Roy, »New Economic Architecture: Getting the Right Specs«, Anmerkungen zur Konferenz »The Asian Crisis and Beyond: Prospects for the 21st Century«, Carleton University, Ottawa, 29.1.1999.

[71] Die Anforderung an die Deckungsreserve wurde im Oktober 1998 auf Null heruntergefahren, angeblich, weil der Zufluss spekulativen Kapitals aufgrund der Krise beträchtlich zurückgefallen war.

[72] Vgl. z.B. Roy Culpeper.

der asiatischen Finanzkrise vorgeschlagen und sollte mit einem Pool von Reserven in Fremdwährungen der devisenreichsten Länder Asiens einer Spekulationsattacke auf asiatische Währungen widerstehen. Washington votierte erwartungsgemäß gegen diese Maßnahme.

Das gemeinsame Anliegen dieser internationalen, nationalen und regionalen Kontrollmaßnahmen liegt darin, destabilisierende Wellen des Kapitalflusses in und aus einem Land zu verhindern und den Fluss des kurzfristigen Portfolio-Investitionskapitals und kurzfristiger Kredite in einen langfristigen Strom von Direktinvestitionen und Krediten zu verwandeln.

Für einige Beobachter sind diese Kapitalkontrollen nicht nur einfach stabilisierende Maßnahmen, sondern, wie z.B. Zölle und Import- und Exportkontingente, strategische Mittel, mit denen man auf eine legitime Art und Weise den Weg der Integration eines Landes in die globale Ökonomie gestalten kann. Mit anderen Worten: Kapital- und Handelskontrollen sind legitime Instrumente, die Ziele einer nationalen industriellen Entwicklung zu verfolgen.

Bezogen auf die Weltbank, den IWF und die WTO besteht das Gemeinsame dieses Ansatzes darin, dass diese Organisationen verantwortlicher handeln müssen, weniger Druck in Richtung Freihandel und Liberalisierung des Kapitaltransfers ausüben und den Entwicklungsländern mehr Mitsprache einräumen sollen. Wie auch die G7-Staaten sehen die Vertreter dieses Ansatzes den IWF als Institution, den Ländern, die sich in einer Wirtschaftskrise befinden, mit Kapitalzuflüssen zu helfen. Aber anders als die G7-Staaten wünschen sie sich einen IWF, der diese Hilfe nicht an strenge Auflagen bindet. Einige Vertreter dieser Schule empfehlen die Errichtung einer Weltfinanzaufsicht (WFA). Deren Hauptaufgabe sollte darin bestehen, in Zusammenarbeit mit nationalen Finanzaufsichtsbehörden Maßnahmen zu entwickeln und einzurichten, die den globalen Kapitaltransfer regeln.[73]

Mit anderen Worten: Der IWF, die Weltbank und die WTO bleiben weiterhin die zentralen Einrichtungen der Weltwirtschaft, müssen aber davon abgebracht werden, dass sie ein in ihrem Sinne allgemeingültiges Modell des Handels und der Finanzierung allen Ländern vorschreiben. Stattdessen müssen sie einen Rahmen schaffen, der die nationalen Unterschiede in der Organisation des globalen Kapitalismus respektiert und es

[73] Eatwell/Taylor, S. 14.

den jeweiligen Ländern ermöglicht, sich auf andere Weise in die Weltwirtschaft zu integrieren.

Wie Dani Rodrik, der Hauptberater der G24 (einer Gruppe von Entwicklungsländern) formulierte, sei das ideale mulilaterale System eine Rückkehr zum Bretton-Woods-System, welches – von Keynes unterstützt und beraten – in den Jahren 1945 bis in die Mitte der 1970er Jahre den Welthandel regierte. Das System von Bretton Woods garantiere genügend Spielraum für national unterschiedliche Bemühungen und Entwicklungen der Länder, um erfolgreich am Prozess der Weltwirtschaft teilzunehmen.[74] Es war sozusagen ein System der »friedlichen Koexistenz national unterschiedlicher kapitalistischer Systeme«.[75]

Dieses System eines globalen Keynesianismus erfüllte erwartungsgemäß die Ansprüche der Ökonomen und Politiker der Entwicklungsländer, der krisenhaften asiatischen Finanzmärkte und der UN. Letztere ist wohlbekannt als Zufluchtsort der Anhänger Keynes', die sich angesichts der neoliberalen Revolution in der Weltbank und den akademischen Einrichtungen dorthin zurückgezogen haben.

Es ist das Entwicklungsmodell, du Trottel!

Kommen wir zur dritten Sichtweise, die wir die »Schule des Entwicklungsmodells, du Trottel!« nennen wollen. Diejenigen, die unserer Ansicht nach diesen Ansatz vertreten, betrachten besonders den IWF und die WTO als anachronistische Einrichtungen, die einerseits wegen ihres tief mit dem Neoliberalismus verwurzelten Gedankengutes, andererseits wegen der Verbundenheit mit dem Hegemonieanspruch der USA nicht zu reformieren sind. Tatsächlich ginge es der Welt besser ohne diese beiden Organisationen, die als Speerspitze eines internationalen hegemonialen Systems zur Marginalisierung des Südens beitragen.

Der gleiche Zweifel herrscht in der Frage, ob Regelungen des globalen Kapitalflusses oder der Hedgefonds und anderer Kasino-Kapitalisten angesichts der neoliberalen Ideologie wirksam greifen könnten. Diese Schule verspricht sich eine größere Wirkung von nationalen Kapitalverkehrskontrollen. Die Erfahrungen Chinas und Indiens bei dem Versuch, die finanzielle Krise abzuwehren, oder Chiles Ansatz, die Kapitalströme

[74] Dani Rodrik.

[75] ebd.

zu regulieren, oder auch Malaysias Versuch, die ökonomische Krise zu stabilisieren, haben die Vertreter dieser Schule davon überzeugt, dass dies ein gangbarer Weg ist. Wie auch die globalen Keynesianer halten sie regionale Organisationen wie z.B. den AMF für durchsetzbar und wirkungsvoll.

Sie unterscheiden sich von den globalen Keynesianern jedoch dadurch, dass ihr Vorschlag einer Kontrolle der Kapitalbewegungen eng mit einer noch viel grundlegenderen Kritik eines Globalisierungsprozesses, der jegliche Unterschiede zwischen kapitalistischen Systemen negiert, verbunden ist. Eine wichtige Grundlage von Kapitalkontrollen ist die Möglichkeit, nationale Ökonomien vor den durch Spekulationen hervorgerufenen Kursschwankungen zu schützen. Eine weitere zentrale Überlegung besteht darin, dass solche Maßnahmen eine grundlegende Voraussetzung für eine Reorganisation der Ökonomie in Richtung auf eine Wirtschaft sind, die eine Stärkung der Binnennachfrage und des nationalen Wachstums anstrebt. Dieses würde in vielerlei Hinsicht einen Prozess der De-Globalisierung bedeuten.

Von diesem Standpunkt aus ist die Tatsache der Volatilität von Spekulationskapital nicht das entscheidende Problem, sondern die Tatsache, dass der Exportsektor und das Auslandskapital als die Motoren der Wirtschaft eines Landes auf dem Weg der Entwicklung betrachtet werden. Das Problem ist sowohl die vorbehaltslose Integration der Ökonomien der Entwicklungsländer in die Weltwirtschaft als auch die Überbewertung von Auslandskapital – in Form von Direktinvestitionen oder Portfolio-Investitionen – als Grundlage des Entwicklungsprozesses. Von daher gesehen ist es nicht verwunderlich, dass kürzlich Mexiko und Thailand die Epizentren der finanziellen Erdbeben waren. Diese beiden Volkswirtschaften gehören zu den wenigen Entwicklungsländern, die den Liberalisierungsprozess bezogen auf die Terms of Trade sowie Investment- und Finanzpolitik am stärksten zugunsten der Integration in die Weltwirtschaft vollzogen hatten.

Während die aktuelle Krise verheerende Auswirkungen auf das Leben der Menschen im ganzen Süden hat, eröffnet sie gleichzeitig die Chance, das Modell und die Strategie der Entwicklung grundlegend zu durchdenken und neu zu bestimmen. In diesem Zusammenhang wäre es natürlich ideal, auch eine neue internationale Finanzarchitektur zu entwerfen. Obwohl das weder kurz- noch mittelfristig geschehen wird, bleiben zwei wichtige Aufgaben im Bereich der internationalen Finanzen zu erledigen.

Die eine ist, die aktuellen Bestrebungen zur Reform des bestehenden Weltfinanzsystems davon abzuhalten, dass in Zukunft die Finanzsektoren der Ökonomien der Entwicklungsländer den Interessen des Nordens untergeordnet, von ihnen durchdrungen und kontrolliert werden.

Die zweite ist, ein Paket von effektiven Maßnahmen der Kapitalkontrollen, Handelskontrollen und regionaler kooperativer Abkommen zusammenzustellen, welches einen Prozess der internationalen ökonomischen Transformation eröffnen würde, der weitestgehend ungestört von äußeren Einflüssen bliebe.

Die heimische Wirtschaft de-globalisieren

Welches sind nun einige der Prioritäten für das, was wir ein Modell begrenzter De-Globalisierung der Wirtschaft nennen könnten? Was unterscheidet sie nicht nur von der neoliberalen Wirtschaft, sondern auch von den nationalen Kapitalismen, die – nach einem Vorschlag von Dani Rodrik – mit einer internationalen keynesianischen Architektur friedlich koexistieren würden?

Lasst uns zuerst unsere Aufmerksamkeit auf die ostasiatische Region lenken, die Gegend, die wir am besten kennen. Es gibt heute nur wenige umfassende Entwürfe für unsere Region – und vielleicht ist das gut so. Immerhin gibt es einige Ideen und Vorschläge, die überall in Ostasien diskutiert werden, die zunehmendes Interesse bei den Völkern in der Krise finden. Eine Bestandsaufnahme würde die Folgenden an die Spitze setzen:

1. Wenn richtig eingesetzte *Auslandsinvestitionen* auch wichtig sind, so muss doch das Wachstum grundsätzlich durch eigene Ersparnisse und Investitionen finanziert werden. Das bedeutet ein progressives Steuersystem. Einer der Gründe für die Abhängigkeit von Auslandskrediten und -investitionen lag in dem Unwillen der ostasiatischen Eliten, sich selbst zu besteuern, um so das notwendige Investitionskapital für eine dynamische Entwicklungsstrategie zu schaffen. Selbst im Tiefpunkt der heutigen Krise kennzeichnet nach Prestige strebender Luxuskonsum immer noch das Verhalten der asiatischen Eliten, die außerdem große Teile ihres Reichtums nach Genf, Tokyo oder New York in Sicherheit bringen. Regressive Steuersysteme sind in der Region die Regel, wo nur eine Handvoll von Leuten Einkommensteuern zahlen, und stattdessen indirekte Steuern, die

die geringen Einkommen belasten, die Hauptquellen für die Ausgaben der Regierungen sind.

2. *Exportmärkte* sind zwar wichtig, aber flüchtig und zu unbeständig, um als zuverlässige Wachstumsmaschinen dienen zu können. Entwicklung muss sich am Binnenmarkt als Lokomotive des Wachstums orientieren. Neben der Falle der extremen Abhängigkeit vom Auslandskapital muss die Lehre aus der Krise ebenfalls die enorme Abhängigkeit der Region von den Exportmärkten einbeziehen. Diese hat zu einer extremen Verletzlichkeit gegenüber den Wechselfällen der Weltmärkte geführt und zündete den selbstzerstörerischen Wettlauf nach der Parole »Exportiere dich aus der Krise« durch einen Abwertungswettlauf der Währungen. Dies ist nur das neueste und verzweifeltste Erscheinungsbild dieses »Zaubermittels« exportorientierter Entwicklung.

3. Um den Binnenmarkt zum Motor der Entwicklung zu machen – um einen sehr unmodischen, aber unverzichtbaren Begriff zu gebrauchen –, bedarf es der Verbindung von nachhaltigem Wachstum und Gerechtigkeit. Denn eine »Keynesianische« Strategie der wachstumsstimulierenden Erweiterung des lokalen Marktes bedeutet, die effektive Nachfrage zu erhöhen oder mehr Verbraucher (hoffentlich wählerische) in den Markt zu bringen, und zwar durch umfassende Programme der Umverteilung von Besitz und Einkommen, einschließlich einer Landreform. Darin steckt natürlich die unvollendete Agenda der sozialen Gerechtigkeit der fortschrittlichen Bewegungen in Asien, eine Agenda, die durch die herrschende Wachstumsideologie der »Wunderjahre« an den Rand gedrängt wurde. Eine gewaltige Anzahl von Menschen bleibt wegen hoher Armut marginalisiert, besonders auf dem Land. Land- und Besitzreform würde sie gleichzeitig in den Markt bringen, sie wirtschaftlich und politisch stark machen und die Bedingungen für soziale und politische Stabilität schaffen. Das Ziel wirtschaftlicher Nachhaltigkeit, verankert in einem dynamischen Binnenmarkt, kann nicht länger von dem Anliegen der Gleichheit getrennt werden.

4. *Regionalismus* kann ein unschätzbarer Zusatz in solch einem Prozess des durch den heimischen Markt angetriebenen Wachstums sein – aber nur, wenn beide Prozesse nicht durch neoliberale Integration geleitet werden, sondern durch eine Vision regionaler Importsubstitution und geschützter Marktintegration, das in erster Linie den regionalen Produzenten die Möglichkeit bietet, die Verbraucher der Region zu versorgen.

5. Es gibt viele andere Elemente in den Überlegungen zu alternativen Entwicklungsstrategien in der Region. Ein universelles Thema ist »nach-

haltige Entwicklung«. Ökologische Nachhaltigkeit gehört zum harten Kern der Lehren aus der Krise. Denn das Modell eines raschen, durch ausländisches Investitionskapital gespeisten Wachstums hat kaum positive Ergebnisse aufzuweisen. Im Fall von Thailand hinterlassen 13 Jahre überstürzter Kapitalismus kaum Spuren – außer Industrieanlagen, die in wenigen Jahren antiquiert sein werden, hunderten von leerstehenden Hochhäusern, einem ungeheuren Verkehrsproblem, das durch die Rücknahme tausender moderner Autos von bankrotten Besitzern nur leicht abgeschwächt wird, einem raschen Abbau der Naturschätze des Landes und einer Umwelt, die unumkehrbar, wenn nicht endgültig zerstört ist, zum Schaden zukünftiger Generationen.

Anstelle einer Wachstumsrate von 8-10% reden viele Ökologen über anzustrebende Raten von 3-4% oder gar niedriger. Das verbindet die soziale Agenda mit der Umweltagenda. Denn die Eliten drängten auf eine hohes Wachstumstempo, das, während sie sich einen beträchtlichen Teil des Wachstums sicherten, ein Durchsickern eines Teils des Wohlstandes in die unteren Schichten erlaubte, um den sozialen Frieden zu erhalten. Die Alternative – die Umverteilung sozialen Wohlstands – ist für die herrschenden Gruppen kaum annehmbar, aber sie ist der Schlüssel für ein Entwicklungsmuster, das wirtschaftliches Wachstum, politische Stabilität und ökologische Nachhaltigkeit miteinander vereint.

Diese und ähnliche Ideen werden in der gesamten Region schon diskutiert. Unklar ist allerdings, wie diese Elemente ineinandergreifen werden. Die neue Wirtschaftspolitik kann in religiöse oder säkulare Sprache und Diskurse eingebettet sein. Und ihr letztendlicher Zusammenhang liegt wahrscheinlich weniger in der Betrachtung eines engen Effizienzkriteriums als in einer ethischen Priorität, die auf Solidarität und Sicherheit der Gemeinschaft zielt. Allerdings dürfte diese neue wirtschaftliche Ordnung kaum im keynesianisch-technokratischen Stil von oben eingesetzt werden, sondern muss im sozialen und politischen Streit erkämpft werden.

Feuer von unten, um Worte von William Golding zu gebrauchen, kann auch die besten Pläne der kleinen globalen Elite durcheinander bringen, die derzeit eine immer instabilere freie Marktordnung zu retten versucht, indem sie ihren Wirkungsbereich unter dem Banner »globaler Finanzreform« ausweitet.

Wenn wir das Projekt beschränkter De-Globalisierung der nationalen Finanzstrukturen wollen, dann haben diejenigen von uns, die das Thema internationaler Finanzreform anpacken, zwei Aufgaben. Die erste ist defensiv: nämlich die Versuche zurückzudrängen, das heimische Finanzsystem unter dem Vorwand, die globale Finanzarchitektur zu verbessern, weiter dem globalen System unterzuordnen. Die andere ist der Entwurf einer Anzahl von Kapital- und Handelskontrollen sowohl auf regionaler als auch nationaler Ebene, die den Prozess einer Reorientierung auf den Binnenmarkt ermöglicht, und zwar mit möglichst Gegenwehr durch diejenigen Kräfte, die darauf warten, solch ein Projekt zu ersticken.

Die Oxfam-Kontroverse

Was ist falsch an Oxfams Handelskampagne?

Walden Bello

Oxfam International[1] hat vor kurzem eine globale Kampagne gestartet, um den Produkten von Entwicklungsländern einen besseren Zugang zu den Märkten des Nordens zu ermöglichen. Ich habe großen Respekt vor Oxfam, und ich stimme mit vielen Dingen im Oxfam-Bericht[2] überein, aber ich finde, dass er den *falschen Schwerpunkt* setzt und eine *falsche Richtung* für die Bewegung gegen die konzerngesteuerte Globalisierung in dieser kritischen Periode aufzeigt.

1.

Die Fokussierung auf den Marktzugang suggeriert, dass der Zugang zu den Märkten des Nordens das zentrale Bedürfnis und das Hauptproblem des globalen Handelssystems ist. Weit gefehlt. Das *Hauptproblem* ist das *Paradigma der Freihandels,* das die WTO rastlos dem globalen Handelssystem aufzwingt. Natürlich verursachen der beschränkte Marktzugang für die Produkte des Südens und die Subventionen für die nördliche Landwirtschaft eine Menge Probleme für die Ökonomien des Südens. Aber weitaus zerstörerischer sind die Maßnahmen der uneingeschränkten Liberalisierung des Handels – in Industrie, Handel und Landwirtschaft, die von der WTO erzwungen wird. Die so genannten neuen Themen – oder das Bestreben der WTO, Investitionen, Wettbewerbspolitik, Regierungsaufträge und Handelserleichterungen zu liberalisieren und damit zu beherrschen – das ist die Speerspitze der aktuellen WTO-Bestrebungen, frei-

[1] Oxfam International ist ein Bund von zwölf unabhängigen Hilfsorganisationen, die in über 80 Ländern des Südens und Osteuropas mit Nothilfe, langfristigen Projekten zur Selbsthilfe sowie in der entwicklungspolitischen Lobby- und Kampagnenarbeit tätig sind. (siehe www.oxfam.org bzw. www.oxfam.de) (Anm. d. Hrsg.)

[2] Am 11. April 2002 startete Oxfam International eine Kampagne zum entwicklungsgerechten Welthandel: »Make Trade Fair«. Dazu wurde ein Bericht unter dem Titel »Unfaires Spiel – Zweierlei Maß: Handel, Globalisierung und der Kampf gegen die Armut« erstellt (der Gesamtbericht [267 Seiten] ist unter http://www.maketradefair.com/assets/english/Report_English.pdf, die Zusammenfassung in deutscher Sprache unter www.oxfam.de/downloads/Handelsstudie.pdf herunterzuladen. (Anm. d. Hrsg.)

en Handel »über alles« (i.O. deutsch, d. Übers.) zu setzen, wie Ralph Nader sagt, und der Widerstand dagegen sollte das Hauptanliegen der internationalen Zivilgesellschaft sein.

2.

Der Marktzugangsansatz unterstützt – wie die NGO »Food First« in ihrer Antwort auf den Oxfam-Report angemerkt hat – das *Paradigma des exportorientierten Wachstums,* da es die monopolitischen Agrarexporteure sind, die den größten Vorteil aus dem verbesserten Zugang zu den nördlichen Agrarmärkten ziehen. Sogar bei den Grundnahrungsmitteln wie Reis oder Mais profitieren nicht die kleinen Farmer, die einen Vorteil haben, sondern die großen Zwischenhändler. Die Betonung auf Marktzugang für Agrarprodukte aus dem Süden wird auch den Druck auf die Entwicklungsländer erhöhen, ihre Märkte für den Norden zu öffnen, als *Gegenleistung* für die beschleunigte Marktöffnung im Norden. Daher wird diese Strategie lediglich die Anstrengungen vieler Bewegungen von Kleinbauern im Süden behindern, die Produktion zu reorganisieren: weg vom Export, der sich auf Großgrundbesitz und Konzerninteressen konzentriert, hin zu einem an Kleinfarmern orientierten Produktionssystem, das im Wesentlichen für den lokalen Markt produziert und durch Zölle und Quoten vor der unfairen Konkurrenz durch subventionierte Dumping-Produkte aus den nördlichen Ländern geschützt wird.

Fairerweise muss erwähnt werden, dass Oxfam in seinem Bericht sagt, dass es an der Zukunft eines kleinbäuerlich strukturierten Agrarsystems interessiert ist, und ich glaube, dass das auch ernst gemeint ist. Allerdings untergräbt die Tendenz ihrer Kampagne zum Marktzugang im Norden dieses Interesse.

Marktzugang als zentraler Schwerpunkt in den Anstrengungen zur Reform des Welthandelssystems wird von keinem Entwicklungsland oder keiner Gruppe von Entwicklungsländern unterstützt. Soweit ich weiß, wird er nur von der Cairns-Gruppe[3] unterstützt, und innerhalb dieser

---

[3] Die Cairns-Gruppe ist eine informelle und lose Vereinigung von Agrarexportländern unter der Führung Australiens. Ziel der Cairns-Gruppe ist die Liberalisierung des internationalen Agrarhandels. Dabei steht die Reduzierung von Exportsubventionen im Vordergrund. Die Länder der Cairns-Gruppe liefern ein Fünftel aller Agrarexporte der Welt. Folgende Länder sind Mitglied: Argentinien, Australien, Brasilien, Chile, die Fidschi-Inseln, Indonesien, Kanada, Kolumbien, Malaysia, Neuseeland, Paraguay, die Philippinen, Südafrika, Thailand und Uruguay. (Anm. d. Hrsg.)

Gruppe durch das Trio Australien, Neuseeland und Argentinien. Momentan denken sogar führende Beamte sowohl in den Philippinien als auch Indonesien darüber nach, ihre Länder aus der Cairns-Gruppe herauszunehmen. Denn sie erkennen, dass ihre Agenda mit dem Marktzugangsthema überbeansprucht ist. Es ist schade, dass Oxfam innerhalb der Zivilgesellschaft als das Sprachrohr der Cairns-Gruppe auftritt. Die »Washington Post« nimmt an, dass Oxfams Fokus auf den Marktzugang anzeigt, dass es sich dem Lager der freien Marktwirtschaft angeschlossen hat. Dem können wir nicht zustimmen. Allerdings ist dieser Irrtum vollkommen verständlich angesichts der Auffassung, dass der Marktzugang das zentrale Übel ist, das angepackt werden muss.

Wir haben es hier mit einem umfassenden Problem zu tun – mit einer mächtigen Anstrengung, eine neoliberale Handelsordnung zu erzwingen, und zwar durch eine Organisation, die weder repräsentativ, noch demokratisch, noch transparent ist und die durch die Supermächte des Handels dominiert wird. Es sollte daher Inhalt und Stoßrichtung einer Kampagne von internationalen zivilgesellschaftlichen Gruppen sein, die Anstrengungen von Regierungen der Entwicklungsländer und von zivilgesellschaftlichen Bewegungen zu unterstützen, *diese Dampfmaschine zu stoppen.* Es ist notwendig, die Ausführungsbestimmungen auf den Tisch zu bringen, die Entscheidungsmechanismen zu veröffentlichen, die Nahrungsmittelsouveränität zu unterstützen und die Ausdehnung der WTO-Jurisdiktion über die »Neuen Themen« zu stoppen. Es ist sehr verdienstvoll, dass die weltweite Kampagne *»Die Welt ist keine Ware«* diesen Standpunkt eingenommen hat. Ich würde Oxfam empfehlen, denselben Weg einzuschlagen.

Bedauerlich ist zudem, dass im Oxfam-Bericht ein großer Teil der Bewegung gegen die konzerngesteuerte Globalisierung als »globalisierungsfeindlich« gebrandmarkt wird. Diese Art der Beschimpfung ist nicht hilfreich. In der Tat waren es die so genannten Globalisierungsgegner, die die dynamische Bewegung erschaffen haben, durch die die internationalen Finanz- und Handelsinstitutionen erschüttert und genötigt wurden, den Ansichten von Organisationen wie Oxfam Gehör zu schenken.

Ich bedaure, Oxfam öffentlich in diesem Punkt widersprechen zu müssen, besonders weil ich großen Respekt vor seinem humanitären Engagement und seiner Entwicklungsarbeit habe. Doch nur über Debatten und Dialoge unter Partnern und Verbündeten können wir einen erfolgversprechenden Weg nach vorne ansteuern.

Oxfams Antwort auf Walden Bello

Angus Cleary, Oxfam Großbritannien (in Auszügen)

Oxfam schätzt die Arbeit von Walden Bello sehr. Er hat eine zentrale Rolle darin gespielt, die Legitimität der globalen Institutionen in Frage zu stellen, die den Unternehmensprofit und die egoistischen Interessen der Regierungen des Nordens zu ihrer Richtschnur machen – und dies angesichts der großen Aufgabe der Armutsreduzierung. Wir anerkennen auch den enormen Beitrag, den Focus[4] beim Aufbau der Bewegung »Eine andere Welt ist möglich« geleistet hat. Walden beendet seine Kritik der Oxfam-Kampagne mit der Bemerkung, dass wir nur durch Debatten und Dialog zwischen Partnern einen soliden Weg nach vorne finden können. Diese Antwort ist in diesem Geist geschrieben.

1. Der Ausgangspunkt der Oxfam-Kampagne: In einer früheren Debatte mit Philippe Legrain von der WTO schrieb Walden Bello: »Handel kann gut oder schlecht sein für nationale Entwicklung – es hängt alles von den Regeln ab, die ihn leiten.« Diese Auffassung teilen wir.

Wie unser Kampagnen-Bericht »Unfaires Spiel – zweierlei Maß« feststellt, glauben wir, dass *Handel* das Potenzial hat, als *mächtige Kraft für die Armutsreduzierung* zu wirken. Wir betonen jedoch, dass dieses Potenzial nicht realisiert wird, genau wegen der Regeln, die so gestaltet sind, dass sie die Reichen begünstigen und die Armen marginalisieren. Wir unterstreichen die Rolle von Regierungen des Nordens und von transnationalen Unternehmen in einem Prozess, der ein System von Welthandelsregeln und -institutionen schafft, das systematisch die Vorteile und Nachteile verstärkt. Und wir entfalten die Argumente für eine Änderung dieser Regeln. Diese Argumentation beruht auf der Ansicht, die einige unserer Kritiker zurückweisen, nämlich auf der Vorstellung, dass internationale Märkte, ebenso wie nationale Märkte, dazu gebracht werden können, dass sie für die Armen arbeiten, indem die Machtbeziehungen in Frage gestellt werden. Auf einer globalen Ebene bedeutet das, die Vorherrschaft der gegenwärtigen IWF-Weltbank-Vorschriften in Frage zu stellen.

---

[4] Focus on the Global South, dessen Executive Director Walden Bello ist. (Anm. d. Hers.)

An keiner Stelle des Reports argumentieren wir für neo-liberale Wachstumsmodelle, schon gar nicht für die Rezepte freier Marktwirtschaft in Entwicklungsländern. Stattdessen zeigen wir deutlich, dass Exportwachstum unter Bedingungen der Globalisierung Ungleichheiten verstärkt hat. Auch behaupten wir nicht, dass Exportwachstum ein Ersatz ist für wirksame Armuts-Bekämpfungs-Strategien. Es wäre ja auch absurd, zu behaupten, ein Land wie Brasilien könnte den Handel zu Armutsbekämpfung benutzen, ohne dass fundamentale Änderungen in der Verteilung von Eigentum und Chancen vorgenommen würden. Genauso absurd wäre es, wenn Exportmodelle unterstützt würden, die ökologische Vernichtung mit sich bringen würden.

Allerdings sind wir der Meinung, die im Report begründet wird, dass *Export* eine Rolle in der *Unterstützung* von Strategien der *Armutsverringerung* spielen kann, sowohl durch Schaffung von Arbeitsplätzen als auch durch die Schaffung allgemeiner Wachstumsbedingungen.

2. Marktzugang: Eine Menge der Kritikpunkte von Focus beruht auf einem Missverständnis der Oxfam-Kampagne. In seinen einleitenden Bemerkungen behauptet Walden, die Oxfam-Kampagne sei »eine globale Kampagne, um den Produkten der Entwicklungsländer einen leichteren Zugang zu den Märkten des Nordens zu ermöglichen«. Das stimmt nicht. *Marktzugang* ist *nur ein Thema* unter vielen, die aufgegriffen werden. Der Report macht klar, dass die Kampagne die Regeln des Handels in einer Reihe von Bereichen in Frage stellen und ändern will.

So fordern wir fundamentale Reformen der TRIPS-Vereinbarungen in der WTO. Oxfam hat gemeinsam mit anderen ständig den Missbrauch von Konzernmacht und die Selbstbedienungsinteressen von nördlichen Regierungen kritisiert, die hinter diesem Abkommen liegen. Genauso wie Focus weisen wir einen Standpunkt zurück, der die WTO als Marktöffnungsinstrument für ausländische Investoren hochjubelt, der Dienstleistungsmärkte liberalisieren oder eine Fülle von neuen Themen inklusive Wettbewerbs- und Regierungsaufträge auf die WTO-Agenda setzen will. Eines der ersten Themen wird die Krise auf den internationalen Rohstoffmärkten sein. Hier argumentieren wir für internationale Mechanismen, um die Preise auf einem einträglicheren Niveau zu stabilisieren. Ein ganzes Kapitel des Reports kritisiert die knebelnden Kreditkonditionen von IWF und Weltbank, die den Entwicklungsländern Importliberalisierung aufzwingen wollen. Und ein großes Thema der Kampagne sind

Aktionen, die solche Kredite verhindern, die diese Liberalisierung zur Bedingung machen.

Das vorausgeschickt, entschuldigen wir uns nicht dafür, dass wir auf die Wichtigkeit des Marktzugangs hingewiesen haben. Der Protektionismus des Nordens ist dort am ausgeprägtesten und willkürlichsten, wo Entwicklungsländer, und besonders die armen, am meisten zu gewinnen haben. Liberalisierung in diesen Gebieten ist schlüpfrig; sie verbiegt die Vorteile des internationalen Handel zu Gunsten der industrialisierten Welt. Wir glauben, dass es wichtig ist, den nördlichen Protektionismus zu entlarven, nicht als die vorrangige oder einzige Ursache von Armut, aber als ein klares Beispiel dafür, wie korrupt und wie grundsätzlich gegen die armen Volkswirtschaften gerichtet das internationale Handelssystem ist. Regierungen von Entwicklungsländern versuchen, die Handelsrunden zur Korrektur dieser Ungleichgewichte zu benutzen, und wir unterstützen sie dabei.

3. Exportorientierte Landwirtschaft: Focus zitiert offensichtlich zustimmend einen »Food First« Kommentar zur Oxfam-Kampagne, der unterstellt, dass wir »das Paradigma des exportorientierten Wachstums« unterstützen. Dahinter scheint die Annahme zu stehen, dass nur monopolistische Agrarinteressen vom Zugang zu nördlichen Märkten profitieren können. Bedeutet das, dass die industrialisierte Welt zu Recht Reisimporte aus Vietnam und Thailand, Tee aus Indien oder Zucker aus Moçambique verbieten sollte? Sicherlich ist die Frage zu stellen, ob nationale Regierungen eine Politik durchführen, die monopolistische Strukturen erst gar nicht entstehen lässt. Wir teilen viele Sorgen von »Food First« über das gegenwärtige Muster der Agrarexporte in Entwicklungsländern. Allerdings weisen wir die *vereinfachende Gegenüberstellung von »cash crops«* und *»food crops«* sowie von Produktion für den *Binnenmarkt* und den *Export* zurück. Solche Dichotomien lenken nur ab von den wirklichen Themen, wie die Vorteile der Marktteilnehmer *politisch gestaltet* werden können. Schließlich ist es dasselbe armutsfeindliche Wachstumsmodell, das die Armen daran hindert, vom Export zu profitieren, das sie auch auf vielen Binnenmärkten behindert. Diese Ungleichgewichte müssen durch eine nationale Politik angepackt werden, die Beschäftigung und Nahrungsmittelsicherheit in armen Volkswirtschaften unterstützt. Wir sind nicht der Meinung wie Food First, dass das bestehende System nicht geändert werden kann oder dass Agrarexporte sich von ihrem Wesen her gegen die Armen richten.

4. Ein Unterstützer der Cairns-Gruppe? Focus behauptet, dass Oxfam jetzt »als das Sprachrohr der Cairns-Gruppe innerhalb der Zivilgesellschaft auftritt«. Das ist falsch. Wir lehnen den Marktliberalisierungs-Ansatz der Cairns-Gruppe entschieden ab. Wir argumentieren in dem Report ausführlich dafür, dass die Entwicklungsländer das Recht behalten sollten, ihr Ernährungssystem zu schützen, nicht nur aus Gründen der Nahrungssicherheit und Armutsbekämpfung, sondern auch weil die Weltmärkte so verzerrt sind. Deshalb haben wir mit anderen die »Entwicklungsrunde« verlangt. Das Recht der Entwicklungsländer, ihre Landwirtschaft zu schützen, ist ein wesentliches Ziel unserer Kampagne.

Focus' Kritik an Oxfams Position zur Landwirtschaft wirft eine wichtige taktische Frage auf, die bis ins Herz eines umfassenderen Dilemmas reicht, vor dem die Regierungen der Entwicklungsländer stehen. Die Frage lautet, ob Entwicklungsländer durch die Aufnahme von Verhandlungen über verbesserten Marktzugang in einen ungleichen Handel hineingezwungen werden, durch den sie verpflichtet werden, ihre eigenen Märkte, etwa in Sektoren wie Landwirtschaft, Banken, Dienstleistungen etc., weiter zu öffnen. Die Gefahren sind offensichtlich und gehen weit über die WTO hinaus. Trotzdem besteht die wahre Herausforderung hier, worauf Focus verweist, für die südlichen Regierungen und Zivilgesellschaften darin, zusammenzuarbeiten, um die Zuständigkeiten und Vollmachten der WTO zu beschränken. Eine Kampagne, die Führungen der reichen Länder als Heuchler und Betrüger bloßstellt, kann in dieser Hinsicht nur hilfreich sein. Es wird für diese Führungen weit schwerer sein, von den armen Ländern eine zweite Phase der Liberalisierung zu verlangen, wenn die Tatsache, dass sie ihre eigenen Märkte fest verschlossen halten, bloßgestellt wird. Unsere Kampagne wurde unter diesem Blickwinkel entwickelt.

5. Mediale Verdrehungen: Indem es einen Pressebericht im Gefolge des Kampagnenstarts kommentiert, kennzeichnet Focus einen Artikel in der Washington Post, der Oxfam zum Mitglied des Freihandelslagers stempelt, als »vollkommen verständlich«. Gemessen an Kriterien der Ausgewogenheit und Objektivität war jener Artikel eine krasse Verdrehung, ebenso der hoch selektive Gebrauch der Zitate von Oxfam-Mitarbeitern. Und am selben Tag, an dem dieser Artikel erschien, wurde Oxfam von der Herald Tribune als marktfeindlich, freihandelsfeindlich und globalisierungsfeindlich verurteilt. Ein weiterer Artikel schilderte den Kampagnen-Bericht als »radikal keynesianisch«.

Schließlich kritisiert Focus Oxfam, weil es »einen großen Sektor der Bewegung gegen die konzerngesteuerte Globalisierung als ›globalisierungsfeindlich‹« brandmarkt. Allerdings stellen wir klar, dass wir diese Einschätzung nicht auf die wesentlichen und wichtigen Teile der Antiglobalisierungsbewegung und der Bewegungen für einen gerechten Handel beziehen, zu denen wir ja auch gehören. Es dreht sich da eher um kleine, angegliederte politische Gruppen, vor allem in den industrialisierten Ländern, die grundsätzlich gegen Handel mit Entwicklungsländern sind. Einige dieser Gruppen befinden sich auf der extremen Rechten, während andere eine kleine Minderheit vertreten, die Autarkie befürworten.

Wir haben ... viele, viele Kommentare zu unserem Handelsreport erhalten. Einige sind sehr herausfordernd, aber wir begrüßen die Debatte, die da entstanden ist. Es sind sehr mächtige Kräfte, gegen die wir uns wenden, und wir können nur dann hoffen, eine wirkliche Veränderung in der Welt zustande zu bringen, wenn wir unsere Positionen und Strategien zusammen ausarbeiten. Wir hoffen, dass die Debatten, die wir jetzt in unseren jeweiligen Netzwerken führen, uns helfen, die Bewegung für soziale Gerechtigkeit zu stärken.

Die Oxfam-Debatte: Von Kontroversen zur gemeinsamen Strategie

Walden Bellos Antwort (in Auszügen)

... Eine Bemerkung zu Beginn: Unabhängig von unseren Meinungsverschiedenheiten mit Oxfam denke ich doch, dass Oxfam der Bewegung gegen die konzerngetriebene Globalisierung dadurch einen großen Dienst erwiesen hat, dass die Frage unserer Strategie an der Handelsfront nun in den Mittelpunkt gerückt wurde...

Wir sind hier nicht in eine akademische Debatte über das Pro und Kontra von exportorientierter Landwirtschaft oder Marktzugang hineingeraten. Im Kern unserer Debatte mit Oxfam stehen nicht nur Differenzen über inhaltliche Themen wie die Vorteile und Nachteile des Marktzugangs oder die Wirkungen der exportorientierten Landwirtschaft, sondern auch unterschiedliche Positionen zu strategischen Themen wie den Prioritäten der Bewegung und wie man sie erreichen kann.

Unsere *Strategie* muss auf die Bedürfnisse des Kampfes gegen die konzerngetriebene Globalisierung reagieren. Diese können nur abgeleitet werden, indem strategische Ziele bestimmt werden, indem man sorgfältig den globalen Zusammenhang und die Weichenstellungen abschätzt und daraus eine wirksame Strategie und taktische Werkzeuge entwickelt, mit denen man auf die Besonderheiten der jeweiligen Situation eingehen kann...

Die Ausdehnung des Freihandelsmandats und die Erweiterung von Macht und Einflussbereich der WTO, die jetzt das mächtigste multilaterale Instrument der globalen Unternehmen ist, ist eine tödliche Bedrohung von Entwicklung, sozialer Gerechtigkeit und Umwelt. Das müssen wir um jeden Preis verhindern, denn wenn die großen Handelsmächte und die Eliten ihrer Konzerne 2003 in Cancun/Mexico für eine weitere Liberalisierungsrunde freie Fahrt bekommen, dann können wir uns auch gleich mit Kusshand von nachhaltiger Entwicklung, sozialer Gerechtigkeit und Gleichheit verabschieden...[5]

Was ist zu tun? Statt die Illusion zu verbreiten, dass die Entwicklungsländer Marktzugang für ihre Produkte erhalten, sollten wir den *Widerstand* der Regierungen der Entwicklungsländer gegen erweiterte Liberalisierung stärken. Dazu sollten wir darauf verweisen, dass die USA und die EU niemals die massiven Subventionen ihrer reichen Farmer und Bauern aufgeben werden, noch die Protektion ihrer Textil- und Garnindustrie oder ihre monopolistische Kontrolle der Technologie mithilfe des TRIPS-Abkommens.

Außerdem sollten wir uns verstärkt bemühen, die Delegationen von Entwicklungsländern in Genf darin zu unterstützen, den WTO-Prozess zu bewältigen und wirksame Strategien zu formulieren, mit denen die Konsensbildung auf jenen Gebieten blockiert wird, die von den Handelsmächten favorisiert werden; auch muss die Priorität der Ausführungsbestimmungen wieder geltend gemacht werden.

Wir sollten mit nationalen Bewegungen wie Bauernbewegungen für Nahrungsmittelsouveränität im Süden und Bürgerinitiativen im Norden zusammenarbeiten, um massiven *Druck* auf ihre Regierungen auszuüben,

[5] Es folgt eine ausführliche Beschreibung der Lage im Jahre 2002, nach dem »fragilen Sieg« der Freihändler in Doha und vor dem 5. Ministertreffen in Cancun/Mexico im darauffolgenden Jahr, auf dem es um die »neuen Themen«, also um die Liberalisierung der so genannten handelsbezogenen Investitionen, Wettbewerbspolitik, Regierungsaufträge und Handelserleichterungen gehen sollte. Diese Konferenz scheiterte, auch aufgrund der großen Anstrengungen der globalisierungskritischen Bewegung. (Anm. d. Hrsg.)

damit sie nicht den Verhandlungen über die weitere Liberalisierung auf den Gebieten Landwirtschaft und Dienstleistungen zustimmen.

Wir sollten geschickt den globalen Protest mit *Massenaktionen* auf der Straße und Lobbyarbeit in Genf verbinden, damit eine globale kritische Masse als starkes Gegengewicht zu den Ministertreffen geschaffen wird...

Strategische Mängel von Oxfams Marktzugangskampagne

Oxfams Marktzugangskampagne erinnert uns an die klassische Bemerkung von Omar Bradley zum Korea-Konflikt: »Es war der falsche Krieg am falschen Platz zur falschen Zeit.« Oxfams Kampagne ist mit einer Reihe von strategischen Fehlern behaftet:

Sie befindet sich in einem *strategischen Vakuum*, sie hat keine Verbindung mit oder Bedeutung für eine breitere Strategie, die auf die Beendigung oder Rückentwicklung der Handelsliberalisierung zielt, indem der Freihandelsimpuls auf dem Cancun-Treffen torpediert wird. Diese Kampagne hat alle Eigenschaften einer Initiative, die nicht durch die Weichenstellungen an der Handelsfront, sondern durch innerorganisatorische Beweggründe für eine »gewinnbare« kurzfristige Kampagne motiviert wurde.

Sie lenkt die Bewegung von ihren wirklichen Prioritäten ab. Oxfam sollte erkennen, dass es einen großen Unterschied ausmacht, ob man ein Exposé erstellt oder eine Kampagne startet. Kampagnen müssen strategische Schwerpunkte einer globalen Bewegung mit begrenzten Ressourcen und Energien unterstützen statt die Bewegung auf *Seitenpfade* zu entführen, auf denen die Ergebnisse sogar kontraproduktiv sein können.

Und die Marktzugangskampagne ist in der Tat *kontraproduktiv...* Oxfams Führungsfigur Kevin Watkin betonte im April 2002: »Wenn es zu Verhandlungen kommt, wird die EU Marktöffnungen für Dienstleistungen verlangen als Bedingung für eine weitere Öffnung ihrer eigenen Märkte für Garn und Textilien... Wir kaufen eure Bananen und Hemden, wenn ihr unseren Banken und Versicherungen ungehinderten Zugang zu euren Märkten gebt.« Kevins Worte lassen es umso unverständlicher erscheinen, warum Oxfam eine Kampagne startet, die leicht in das Spiel des WTO-Sekretariats integriert werden kann, um eine umfassende Handelsrunde als ihr strategisches Ziel zu erreichen.

Zusammenfassend: Es war notwendig und nützlich, dass Oxfam und seine Freunde diesen Gedankenaustausch hatten. Nach Focus' Auffassung ist es indes für die Bewegung an der Zeit, nach vorne zu gehen und eine umfassende Strategie zu erarbeiten, um den Versuch des WTO-Sekretariats und der großen Handelsmächte zu durchkreuzen, eine neue übergreifende Runde von Handelsvereinbarungen für die 5. WTO-Ministerkonferenz in Gang zu setzen. Oxfams Teilnahme an der großen Koalition gegen Cancun ist sehr erwünscht. Aber es kann nur dann ein effektiver Partner sein, wenn es zunächst für sich selbst und die Bewegung klärt, wo es in den Fragen von Globalisierung, Handelsliberalisierung und WTO wirklich steht.

Wir hoffen, dass noch viel mehr Organisationen an dem Versuch teilnehmen, eine notwendige Strategie für die Handelsfront zu entwerfen. Wir haben das Ziel, etwas anzustoßen und zu diesem Prozess beizutragen. Wichtig ist, dass Debatten dieser Themen nicht auf Politikexperten beschränkt bleiben, sondern dass sich die Basis, speziell die sozialen Bewegungen, daran beteiligt. Die globale Koalition »Die Welt ist keine Ware« ist der vielversprechendste Raum für einen Prozess der Konsensbildung. Die Ära von »Top-down«- oder »Alleingang«-Kampagnen ist vorbei.

Die Krise des Globalisierungsprojekts

Die Globalisierung ist die beschleunigte weltweite Integration von Kapital, Produktion und Märkten, ein Prozess, der angetrieben wird von der Profitlogik der Konzerne.

Die Globalisierung ist in zwei Phasen verlaufen: Die erste dauerte vom frühen 19. Jahrhundert bis zum Ausbruch des Ersten Weltkrieges 1914; die zweite von Anfang der 1980er Jahre bis heute. Die dazwischen liegende Periode war gekennzeichnet von der Dominanz nationaler kapitalistischer Volkswirtschaften, für die ein hohes Maß an Staatsintervention charakteristisch war, sowie von internationalen Märkten mit starken Beschränkungen für Handels- und Kapitalflüsse. Die Neoliberalen haben diese nationalen und internationalen Beschränkungen des Marktes, welche durch die Dynamik von nationalen Klassenkämpfen und internationaler kapitalistischer Konkurrenz entstanden waren, so dargestellt, als hätten all diese Einschränkungen Verzerrungen erzeugt, die zusammen schließlich an der Stagnation der kapitalistischen Volkswirtschaften und der Weltwirtschaft in den späten 1970ern und frühen 1980ern Schuld gewesen seien.

Wie schon in der ersten, war auch in der zweiten Phase der Globalisierung die Ideologie des Neoliberalismus vorherrschend, welche die »Befreiung des Marktes« durch beschleunigte Privatisierung, Deregulierung und Handelsliberalisierung postulierte. Es gibt, grob gesagt, zwei Versionen der neoliberalen Ideologie – eine »harte« Thatcher-Reagan-Version und eine »weiche« Blair-Soros-Version (Globalisierung mit »Sicherheitsnetzen«). Was jedoch beiden Ansätzen zugrunde lag, war die Entfesselung der Marktkräfte und das Beseitigen oder das Aushöhlen von Beschränkungen, die transnationalen Firmen vom Arbeitsmarkt, der Gesellschaft und dem Staat auferlegt worden waren.

Die drei Momente der Globalisierungskrise

In der sich vertiefenden Krise des Globalisierungsprojekts hat es drei Momente gegeben. Das erste war die Finanzkrise in Asien 1997. Dieses Ereignis, das die stolzen »Tiger« von Ostasien zu Boden warf, verdeutlichte, dass einer der zentralen Glaubenssätze der Globalisierung – die Liberalisierung der Kapitalmärkte, um den freien Fluss von Kapital zu fördern, besonders spekulatives oder Finanzkapital – zutiefst destabilisierend sein konnte. Wie sich zeigte, war die asiatische Finanzkrise lediglich die letzte von acht großen Finanzkrisen seit dem Beginn der Liberalisierung globaler Finanzflüsse in den späten 1970er Jahren gewesen. Wie destabilisierend sich die Liberalisierung der Kapitalmärkte auswirken konnte, wurde sichtbar, als im Zeitraum von nur wenigen Wochen eine Million Menschen in Thailand und 21 Millionen in Indonesien unter die Armutsgrenze gedrückt wurden.

Die asiatische Finanzkrise war das »Stalingrad« des Internationalen Währungsfonds (IWF), des prominentesten Agenten liberalisierter Kapitalflüsse. Die Bilanz seines ehrgeizigen Unterfangens, über 100 Entwicklungs- und Übergangswirtschaften »struktureller Anpassung« zu unterwerfen, wurde unter die Lupe genommen, und Fakten, auf die Institutionen wie das Entwicklungsprogramm der Vereinten Nationen (UNDP) und die Handels- und Entwicklungskonferenz der Vereinten Nationen (UNCTAD) bereits in den späten 1980ern hingewiesen hatten, mussten nun als Realitäten anerkannt werden. Strukturelle Anpassungsmaßnahmen, die den Zweck gehabt hatten, Deregulierung, Handelsliberalisierung und Privatisierung zu beschleunigen, hatten fast überall Stagnation institutionalisiert, Armut verschlimmert und Ungleichheit vergrößert.

Das Ergebnis dieses Prozesses ist eine Legitimationskrise, welche darauf fußt, dass die dem gegenwärtigen Kapitalismus zugrunde liegende neoliberale Ideologie sich unfähig zeigt, die Menschen von seiner Notwendigkeit und Machbarkeit als System der Produktion, des Austausches und der Distribution zu überzeugen. Die verheerenden Auswirkungen struktureller Anpassung in Afrika und Lateinamerika; die Kettenreaktion von Finanzkrisen in Mexiko, Asien, Brasilien und Russland; das Abstürzen Argentiniens ins Chaos unter der Herrschaft des Freihandels; und die Kombination aus massivem Betrug und der Vernichtung von $7 Billionen des Anlegervermögens – eine Summe fast so hoch wie die des Bruttoinlandproduktes (BIP) der Vereinigten Staaten – haben die Glaubwürdigkeit des Kapitalismus untergraben. Die Institutionen, die als globale Wirtschaftsregierung des globalen Kapitalismus dienen – der IWF, die Weltbank, die Welthandelsorganisation (WTO) – sind von dieser Legitimationskrise am stärksten betroffen und haben sich als schwächste Glieder der Kette herausgestellt.

Die Legitimationskrise ist verbunden mit einer Krise des neoliberalen politischen Paradigmas. Ein Paradigma befindet sich dann in der Krise, wenn seine prominentesten Vertreter sich von ihm abwenden, und was während der Krise des Kopernikanischen Paradigmas in der Physik geschah, ereignete sich auf ähnliche Art in der neoklassischen Ökonomie, als Chefideologen anfingen abzuwandern – darunter Jeffrey Sachs, der in den frühen 1990ern aufgrund seiner heftigen Befürwortung der Schocktherapie des »freien Marktes« für die Staaten Osteuropas Berühmtheit erlangte; Joseph Stiglitz der ehemalige Chefökonom der Weltbank; Columbia-Professor Jaghdish Bhagwati, der globale Kontrollen von Kapitalflüssen forderte; und Financier George Soros, der den Mangel an Kontrollen im globalen Finanzsystem, das ihn reich gemacht hatte, verurteilte.

Das zweite Moment der Krise des Globalisierungsprojekts war das Scheitern der dritten WTO-Ministerrunde in Seattle im November 1999. Seattle bildete den Zusammenfluss dreier Ströme der Unzufriedenheit und des Konflikts, die sich über einen längeren Zeitraum aufgebaut hatten:

- die Entwicklungsländer wiesen die Ungleichberechtigung in den Abkommen der Uruguay-Runde zurück, welche zu unterschreiben sie sich 1995 genötigt gesehen hatten;
- massive öffentliche Opposition gegen die WTO wuchs weltweit in einer Vielzahl von Sektoren der globalen Zivilgesellschaft, darunter Bauern, Fischer, Gewerkschafter und Umweltschützer. Die WTO hatte es durch die Bedrohung des Wohlergehens jeder dieser Sektoren mit ihren Abkommen geschafft, die globale Zivilgesellschaft gegen sich zu vereinigen;
- Es gab ungelöste Handelskonflikte zwischen der EU und den USA, vor allem im Bereich der Landwirtschaft, welche im Abkommen der Uruguay-Runde zugedeckt worden waren.

Diese drei brisanten Elemente miteinander kombiniert, ergaben die Explosion von Seattle, als die Entwicklungsländer im Seattle-Convention-Center gegen das Diktat der Länder aus dem Norden rebellierten, 50.000 Menschen in den Straßen demonstrierten und die EU und USA zu zerstritten waren, um gemeinsam aufzutreten und die Ministerrunde zu retten. In einem Moment der Klarheit kurz nach dem Seattle-Debakel brachte Stephen Byers, britischer Außenminister, den Kern der Krise auf den Punkt: »Die WTO wird in ihrer bisherigen Form nicht fortbestehen können. Sie bedarf einer fundamentalen und radikalen Veränderung, um den Bedürfnissen und Zielen aller 134 Mitgliedsstaaten gerecht zu werden.«

Das dritte Moment war der Zusammenbruch des Aktienmarktes am Ende des Clinton-Booms. Dies war nicht nur eine geplatzte Spekulationsblase, sondern zugleich die raue Wiederkehr der klassischen kapitalistischen Überproduktionskrise, die sich in den massiven Überkapazitäten offenbarte. Die Unternehmensprofite waren im Vorfeld des Crashs seit 1997 nicht mehr gewachsen. Der Grund hierfür waren die Überkapazitäten im industriellen Sektor. Das beste Beispiel war der Telekommunikationssektor mit einer Ausnutzung von bloß 2,5% aller global installierten Kapazitäten. Die Stagnation der Realwirtschaft führte zu einer Verschiebung des Kapitals in den Finanzsektor, was den schwindelerregenden Anstieg der Aktienwerte hervorrief. Doch da die Rentabilität im Finanzsektor nicht zu lange von der in der Realwirtschaft abweichen kann, war der Absturz der Aktienwerte vorprogrammiert. Dies geschah dann im März 2001 und führte zur anhaltenden Stagnation und dem Einsetzen der Deflation.

Es gibt vermutlich einen umfangreicheren strukturellen Grund für die Länge der momentanen Stagnation oder Deflation und für das ständige Schwingen am Rande der Rezession. Es könnte daher kommen, wie eine Reihe von Ökonomen bestätigen, dass wir uns am Ende des berühmten »Kondratieff-Zyklus« befinden. Diese Theorie des russischen Ökonomen Nikolai Kondratieff besagt, dass das Fortschreiten des globalen Kapitalismus nicht nur von kurzfristigen Konjunkturzyklen, sondern auch von langfristigen »Superzyklen« geprägt ist. Kondratieff- Zyklen sind etwa 50 bis 60 Jahre dauernde Wellen. Die Aufwärtskurve wird getragen von dem intensiven Einsatz neuer Technologien, gefolgt vom Höhepunkt, wenn dieser Einsatz völlig ausgereift ist. Danach kommt eine Abwärtskurve, wenn die alten Technologien sinkende Profite erwirtschaften und die neuen Technologien sich im Sinne profitabler Nutzung erst in der Experimentierphase befinden, und abschließend kommt die Talsohle, ein Konjunkturtief bzw. eine anhaltende Deflationsperiode.

Die Talsohle der letzten Welle entfiel auf die 1930er und 40er Jahre, eine Periode, die von der Großen Depression und dem Zweiten Weltkrieg geprägt war. Der Anstieg der heutigen Welle begann in den späten 1950ern und fand seinen Höhepunkt in den 1980ern und 90ern. Der gewinnbringende Einsatz des technologischen Fortschritts der Nachkriegszeit in den Schlüsselindustrien Energie, Automobilbau, Petrochemie und Fertigung kam an ein Ende, während sich die Nutzung der Informationstechnologie noch in einer relativ frühen Phase befand. Aus dieser Perspektive betrachtet war die »New Economy« der späten 1990er nicht eine Überwindung des Konjunkturzyklus, wie viele Ökonomen meinten, sondern bloß die letzte glorreiche Phase des aktuellen Kondratieff-Superzyklus vor dem Abstieg in die anhaltende Deflation. Mit anderen Worten, die Einzigartigkeit der momentanen Situation liegt darin, das die Abwärtskurve des aktuellen kurzfristigen Konjunkturzyklus mit dem Beginn des Abstiegs im Kondratieff-Superzyklus zusammenfällt. Die Weltwirtschaft bewegt sich anscheinend auf eine anhaltende Periode »schöpferischer Zerstörung« zu, um die Worte eines anderen berühmten Ökonomen, Joseph Schumpeter, zu gebrauchen.

Die Krise der liberalen Demokratie

Parallel zu diesen beiden Krisen bzw. diese kreuzend kommt eine Krise der liberalen Demokratie dazu, welche die typische Regierungsweise der Regime kapitalistischer Volkswirtschaften darstellt. In verschiedenen Ländern wie den Philippinen oder Pakistan ist öffentliche Desillusion über die elitäre Demokratie und Monetärpolitik in den unteren Klassen und sogar den Mittelklassen weit verbreitet. In Pakistan war dies ein Faktor, der die politische Machtergreifung Generals Musharrafs ermöglichte. Tatsache ist, dass das Phänomen der Verbreitung von formalen Demokratien im Stile Washingtons oder Westminsters von Afrika bis Lateinamerika, was der Politologe Samuel P. Huntington als »Dritte Welle der Demokratisierung« bezeichnete, zu Ende ist.

Doch diese Legitimationskrise ist nicht nur auf den Süden beschränkt. Durch den massiven Einfluss von Großunternehmen auf die beiden politischen Parteien ist in den USA die Auffassung, dass das US-Regierungssystem eine Plutokratie, und nicht eine Demokratie ist, weitverbreitet. Durch das Gefühl großer Teile der Wählerschaft, dass Präsident Bush die Wahlen im Jahr 2000 geraubt hat, sind massenhaft Entfremdung und Zynismus entstanden, dazu kommt – dank neuerlicher Enthüllungen über seine fragwürdige Geschäftsethik – das Gefühl, dass Bush eher als Präsident der Wall Street fungiert, statt als Präsident des Landes. Trotz Washingtons momentaner Haltung, dass Unternehmensbetrug bestraft werden müsse, wurden die spektakulären Entwicklungen an der Wall Street als moralischer Kollaps wahrgenommen, in den sowohl die ökonomischen als auch die politischen Eliten verstrickt waren.

Auch in Europa gibt es viel Besorgnis über die unternehmerische Kontrolle der Parteienfinanzierung, doch weitaus bedrohlicher ist die weitverbreitete Empfindung, dass den nationalen, gewählten Parlamenten die Macht von ungewählten, nicht rechenschaftspflichtigen europäischen Institutionen wie der Europäischen Kommission entrissen worden ist. Protestwahlen wie die Le-Pen- und Pim-Fortuyn-Phänomene in Frankreich und den Niederlanden sind ein Ausdruck tiefster Entfremdung von der technokratischen Demokratie.

Umweltkrise und kapitalistische Legitimität

Diese Momente der Krise des Globalisierungsprojektes sind Ausdruck fundamentaler Konflikte oder Widersprüche, die sich über die Zeit ungleichmäßig entwickelt haben. Ein zentraler Widerspruch ist immer der zwischen Globalisierung und Umwelt. Die Umweltkrise ist ein Faktor der Zersetzung der Legitimität des Globalisierungsprojekts, oder vielleicht sogar des Kapitalismus als Art der ökonomischen Organisation an sich.

Sowohl vor als auch nach dem Umwelt- und Entwicklungsgipfel in Rio de Janeiro 1992 gab es die Auffassung, dass die Umweltsituation sich weltweit verschlechterte. Aber gleichzeitig war ein Bewusstsein dafür entstanden, so dass globale Institutionen und legale Mechanismen geschaffen wurden, die dieses Problem bekämpfen sollten. Die Einigung auf dem Gipfel in Rio auf die Agenda-21, ein globales Programm für Umweltverbesserungen, das seine Gegenstücke auf nationaler Ebene haben sollte, schien ein großer Schritt in Richtung globaler Kooperation zu sein.

Zudem waren die späten 1980er und frühen 90er Jahre eine Periode, in der zahlreiche multilaterale Umweltvereinbarungen zu Papier gebracht wurden, die so schienen, als wären sie der Durchbruch für die Umkehrung der globalen Umweltkrise, so wie z.B. das Montreal-Protokoll, welches der Produktion von Treibhausgasen (FCKW) Kontrollen auferlegte, um die Ozonschicht zu bewahren, oder der CITES-Vertrag (das Washingtoner Artenschutzabkommen), mit dem der Handel mit bedrohten Arten bekämpft werden sollte. Dazu kam, dass es mit der Machtübernahme von Bill Clinton und Al Gore 1992 so schien, als sei eine umweltbewusste Administration im Amt.

Verschiedene Entwicklungen brachten diesen Prozess zum Stillstand. Es begann mit der Etablierung der WTO. Laut Ralph Nader wurden

Geschäfte der Konzerne »über alles« (deutsch in der Originalfassung, Anm. d. Übers.) gestellt, d.h. über jegliches ökonomisches und soziales Leben, mit Ausnahme vielleicht der nationalen Sicherheit. Mit anderen Worten, Gesetze zum Schutz natürlicher Ressourcen und der Umwelt mussten verändert werden, falls sie Standards forderten, die als unfair für ausländische Handelsinteressen gesehen wurden. In einer Serie entscheidender Fälle – dem »Thunfisch-Delphin«-Streit zwischen den USA und Mexiko oder dem »Schildkröten-Schrimp«-Disput, in dem sich die USA mit mehreren asiatischen Ländern überwarfen – wurden nationale Umweltgesetze dem Freihandel untergeordnet. Diese Vorstöße schienen darauf abzuzielen, die Umweltschutzbestimmungen einzelner Länder weltweit auf den kleinsten gemeinsamen Nenner zu bringen, anstatt sie auf das höchstmögliche Niveau anzuheben.

Zweitens waren Umweltschützer und ganz allgemein die Bevölkerung weltweit alarmiert durch die aggressiven Vorstöße von Unternehmen, den Handel mit fortgeschrittener Lebensmitteltechnologie und Biotechnologie voranzutreiben. Das europäische Einfuhrverbot hormonbehandelten Rindfleisches aus den USA – welches aufgrund öffentlichen Drucks ausgesprochen worden war – wurde aufrechterhalten, trotz der Tatsache, dass die WTO dies als illegal betrachtete. Gleichermaßen brachten die genetischen Modifikationen in landwirtschaftlicher Produktion gepaart mit dem Widerstand gegen Öko-Etikettierung von Seiten großer US-Unternehmen wie Monsanto eine Gegenreaktion der Konsumenten in Europa und anderen Teilen der Welt hervor. Hierbei wurde das Vorsorgeprinzip als mächtige Waffe gegen das Kriterium der »soliden Wissenschaft« der US-Unternehmen eingebracht. Und auch die aggressiven Bemühungen von US-amerikanischen biotechnologischen Unternehmen, Patentierung auf Lebensformen und Saatgut auszuweiten, führte zu starkem Widerstand von Bauernverbänden, Konsumentenvereinigungen und Umweltschützern gegen das, was als »Privatisierung« der seit Urzeiten andauernden Interaktion zwischen Gemeinschaft und Natur angesehen wurde.

Drittens wurde der starke Widerstand des amerikanischen Industriesektors gegen die Anerkennung des Phänomens globaler Erwärmung – zu einem Zeitpunkt des beschleunigten Schmelzens der Polarkappen – als dreister Versuch empfunden, Profitinteressen über das Allgemeinwohl zu stellen. Diese Auffassung wurde nur verstärkt durch die erfolgreichen Anstrengungen seitens der Großunternehmen, die kollektiven weltweiten Bemühungen, globale Erwärmung effektiv zu bekämpfen, während der Clinton-Administration zum Stillstand zu bringen – und sie schließlich unter Bush, der sich weigerte, das sowieso schon wachsweiche Kyoto-Protokoll zu unterzeichnen, vollständig zu Fall zu bringen.

Diese aggressive, umweltfeindliche Haltung der US-Unternehmen war ein Faktor, der zu großem Misstrauen gegenüber der Wirtschaft in den USA selbst führte, als in einer Umfrage der Business Week im Jahr 2000 72% aller befragten Amerikaner sagten, dass das Big Business »zuviel Kontrolle über ihr Leben« hätte, was das führende wöchentliche Wirtschaftsblatt dazu veranlasste, zu warnen: »Amerika der Konzerne, wenn du diese Warnungen ignorierst, bist du selbst schuld!«

Gleichzeitig glaubten die Entwicklungsländer, dass die USA Umweltargumente benutzten, um ihre Entwicklung zu hemmen, in dem sie argumentierten, dass die Emissionen von Treibhausgasen in Entwicklungsländern den substantiell gleichen Beschränkungen unterworfen werden müssten wie in den entwickelten Staaten, bevor die USA die Kyoto-Vereinbarung unterzeichnen würden. In der Tat waren solche Verdächtigungen nicht unbegründet, da die Leute in der Bush-Administration auch China unter Beschuss genommen hatten, das sie als strategische Bedrohung der USA wahrnahmen. Hier führten die USA Umweltschutz als Argument ins Feld, um ihre eigene weltwirtschaftliche und geopolitische Spitzenstellung zu wahren.

In der Zeit nach 2000 wurde der globale Konsens des Rio-Gipfels immer weiter zersetzt, bis er dann unter der massiven »Greenwashing Kampagne« auseinander fiel, die die Unternehmenswelt beim Weltgipfel für nachhaltige Entwicklung (auch bekannt als Rio + 10) im September 2002 in Johannesburg betrieb. »Nachhaltige Entwicklung«, die Vision, dass wirtschaftliches Wachstum mit ökologischer Stabilität einhergehen müsse, wurde beiseite gelegt. Herman Dalys apokalyptisches Bild eines ökonomischen Systems, gekennzeichnet durch Hyper-Wachstum, das in Rekordzeit ein ökologisches System überfordern würde, welches Urzeiten für seine Entstehung gebraucht hatte, schien realistischer denn je, als amerikanisches, europäisches und japanisches Kapital eng mit der umweltverschmutzungsfreundlichen chinesischen Regierung zusammenarbeitete, um aus dem schnell wachsenden China sowohl die Produktionsstätte als auch die Müllhalde der Welt zu machen.

Noch vor ein paar Jahren hatten viele mit dem Ökonomen Herman Daly übereingestimmt, dass der ökologische Niedergang zusammenhängt mit dem unerbittlichen Streben des menschengemachten Produktionssystems, den beschränkten Raum, den die Natur über Äonen von Jahren geschaffen hat, mit zunehmender Geschwindigkeit zu füllen. Aus dieser Sicht war der Schlüssel zu einer Stabilisierung der Umwelt langsameres Wachstum und niedrigere Verbrauchsraten, und dies wiederum konnte erreicht werden durch politische Entscheidungen, die von der Öffentlichkeit unterstützt wurden.

Diese Analyse wird zunehmend ersetzt durch die radikalere Ansicht, dass das Hauptproblem im unkontrollierten kapitalistischen Produktionssystem liegt, welches unablässig den natürlichen Reichtum in Waren verwandelt und unaufhörlich neue Bedürfnisse erzeugt. Der Kapitalismus erodiert kontinuierlich das natürliche und gesellschaftliche Dasein der Menschen, und während er sie als Arbeiter ihrer Lebensenergie beraubt, reduziert er ihr Bewusstsein auf die Rolle des Verbrauchers. Der Kapitalismus hat viele »Bewegungsgesetze«, aber das wohl destruktivste in Bezug auf die Umwelt ist das Say'sche Gesetz, welches besagt, dass sich jedes Angebot seine eigene Nachfrage schafft. Der Kapitalismus ist eine Nachfrage schaffende Maschine, die lebendige Natur in tote Waren und natürlichen Reichtum in totes Kapital verwandelt.

Kurz gesagt, Umweltschutz hat im letzten Jahrzehnt seine radikale Spitze zurückgewonnen, wobei die Kritik an der Globalisierung zu einer Kritik an der Dynamik des Kapitalismus selbst geworden ist.

Die »New Economics« des George W. Bush

Die zusammenwirkenden Krisen der Globalisierung, des Neoliberalismus, der kapitalistischen Legitimität und der Überproduktion sind der Hintergrund für die Wirtschaftspolitik der Bush-Administration – vor allem für ihre unilaterale Ausrichtung. Das Globalisierungsprojekt der Konzerne war ein Ausdruck des gemeinsamen Interesses der globalen kapitalistischen Eliten, die Weltwirtschaft und ihre fundamentalen wechselseitigen Abhängigkeiten auszudehnen. Die Globalisierung beseitigte allerdings nicht die Konkurrenz unter nationalen Eliten. Es gibt innerhalb der Eliten in den USA und Europa Fraktionen, die einen eher nationalistischen Charakter haben und für ihr Überleben und Wohlergehen enger an den Staat gebunden sind, wie z.B. der militärisch-industrielle Komplex in den USA. Tatsache ist, dass dort seit den 1980er Jahren eine scharfe Auseinandersetzung stattfindet zwischen der eher globalistischen

Fraktion, die die gemeinsamen Interessen einer globalen kapitalistischen Klasse in einer wachsenden Weltwirtschaft betont, und der nationalistischeren, hegemonistischen Fraktion, die den Vorrang der Interessen von US-Unternehmen sicherstellen will.

Wie Robert Brenner bemerkt hat, betonte die Politik Bill Clintons und seines Finanzministers Robert Rubin die Ausdehnung der Weltwirtschaft als Grundlage für den Wohlstand der globalen Kapitalistenklasse. Mitte der 1990er Jahre setzten sie eine Politik des starken Dollars durch, welche die Erholung der japanischen und deutschen Volkswirtschaften stimulieren sollte, damit sie als Märkte für US-Waren und Dienstleistungen brauchbar wurden. Auf der anderen Seite verfolgte die frühere, nationalistischere Reagan-Administration eine Politik des schwachen Dollars, um die Wettbewerbsfähigkeit der USA auf Kosten der japanischen und deutschen Volkswirtschaften zu erhöhen. Mit der Bush-Administration haben wir nun wieder eine Wirtschaftspolitik, die – unter den Bedingungen eines globalen Abschwungs – darauf abzielt, unter anderem durch einen schwachen Dollar, die US-Wirtschaft auf Kosten der anderen zentralen Volkswirtschaften wiederzubeleben und vornehmlich die Interessen der US-Unternehmenselite, statt die einer globalen Kapitalistenklasse durchzusetzen.

Verschiedene Merkmale dieses Ansatzes sollten erwähnt werden:

- Bushs Wirtschaftspolitik zeigt großes Misstrauen gegenüber einer Globalisierung, die nicht von einem US-Staat kontrolliert wird, der sicherstellt, dass der Prozess nicht zu einer Beschneidung amerikanischer Wirtschaftsmacht führt. Würde man die Globalisierung wirklich einzig dem Markt überlassen, könnte das Ergebnis so aussehen, dass wichtige US-Unternehmen der Globalisierung zum Opfer fallen, und somit die Durchsetzungsfähigkeit amerikanischer Wirtschaftsinteressen schmälern. Daher gibt es trotz der ganzen Freihandelsrhetorik eine sehr protektionistische Gruppe, wenn es um Handel, Investitionen und die Vergabe von Regierungsaufträgen geht. Das Motto der Bushisten scheint zu sein »Protektionismus für die USA und Freihandel für den Rest der Welt«.
- Der Bush-Ansatz beinhaltet eine große Skepsis gegenüber Multilateralismus als Konzept globaler wirtschaftlicher Steuerung, da durch Multilateralismus zwar vielleicht die gemeinsamen Interessen der globalen Kapitalistenklasse allgemein besser befördert werden könnten, möglicherweise jedoch auch bei vielen Gelegenheiten bestimmten US-Unternehmensinteressen widersprochen werden könnte. Die wachsende Ambiva-

lenz der Bush-Clique gegenüber der WTO rührt daher, dass die USA dort bei diversen Entscheidungen den Kürzeren gezogen haben, Entscheidungen, die ungünstig für das US-Kapital waren, die den Interessen des globalen Kapitalismus allerdings absolut dienlich waren.

- Für die Bush-Leute ist strategische Macht die ultimative Macht. Ökonomische Macht ist bloß ein Mittel, um strategische Macht zu erlangen. Dies hängt damit zusammen, dass die dominierende Fraktion in der herrschenden Elite das militärisch-industrielle Establishment ist, welches den Kalten Krieg gewann. Der Konflikt, der entlang dieser Achse zwischen Globalisten und Unilateralisten bzw. Nationalisten verläuft, wird sehr gut verdeutlicht durch die verschiedenen Haltungen gegenüber China. Der globalistische Ansatz postuliert die Zusammenarbeit mit China und betont dabei besonders dessen Wichtigkeit als Investitionsstätte und als Markt für das US-Kapital. Die Nationalisten allerdings sehen China hauptsächlich als strategischen Rivalen und würden sein Wachstum lieber in Grenzen halten, statt es zu fördern.
- Es braucht wohl nicht erwähnt zu werden, dass es im Bush-Paradigma keinen Platz für Umweltmanagement gibt, denn dies wird schließlich als Problem betrachtet, mit dem andere sich befassen müssen, nicht aber die USA. Es gibt sogar eine starke Unternehmenslobby, die meint, dass all diese Sorgen um die Umwelt, wie die Bedenken gegenüber genmanipulierten Organismen, eine europäische Verschwörung sind, die dazu bestimmt ist, den USA den Vorteil aus ihrem High-Tech-Vorsprung in der globalen Konkurrenz vorzuenthalten.

Wenn man dies als die Handlungsgrundlage betrachtet, ergeben folgende Elemente amerikanischer Wirtschaftspolitik auch absolut einen Sinn:

- Das Erlangen der Kontrolle über das Öl in Nahost. Obwohl es vielleicht nicht das einzige Kriegsziel der Bush-Administration im Irak ist, so steht es doch sicherlich sehr weit oben auf der Liste. Aus der Tatsache, dass Konkurrenz zum dominierenden Aspekt in den transatlantischen Beziehungen geworden ist, lässt sich ableiten, dass dieser Feldzug teilweise auch gegen Europa gerichtet war. Doch vermutlich war das eher strategische Ziel vielmehr, dem energiearmen China bei den Ressourcen der Region zuvorzukommen, da es als strategischer Rivale gesehen wird.
- Aggressiver Protektionismus in Sachen Handel und Investitionen. Die USA reihen eine protektionistische Maßnahme an die nächste, eine der dreistesten davon ist, jegliche Bewegung bei den WTO-Verhandlungen zum Stillstand zu bringen, indem es den in der Doha-Erklärung festge-

haltenen Vorrang von öffentlicher Gesundheit vor intellektuellen Besitzansprüchen zurückweist und aufgrund der starken pharmazeutischen Lobby die Lockerung von Patentrechten nur bei drei Krankheiten zulässt. Während es Washington nicht zu stören scheint, dass die WTO-Verhandlungen sich verzetteln, haben die USA vielmehr Anstrengungen unternommen, einzelne Staaten in bilateralen und multilateralen Handelsverträgen einzubinden, so wie z.B. mit der Amerikanischen Freihandelszone (NAFTA), ehe ihnen die EU zuvorkommt und ähnliche Abkommen trifft. Im Grunde ist die Bezeichnung »Freihandelsabkommen« unzutreffend, denn es handelt sich hier vielmehr um Präferenzhandelsabkommen.

- Die Einarbeitung strategischer Aspekte in die Handelsverträge. In einer Ansprache stellte der US-Handelsbeauftragte Robert Zoellick jüngst ausdrücklich klar, dass »Länder, die Freihandelsabkommen mit den USA anstreben, mehr als bloß Handels- und Wirtschaftskriterien erfüllen müssen, um ausgewählt zu werden. Die Mindestvoraussetzung für solche Länder ist die Zusammenarbeit mit den USA, was ihre Außenpolitik und ihre Ziele der nationalen Sicherheit betrifft. Ihre Auswahl von potenziellen Partnern für Freihandelsabkommen treffen die USA nach der Erfüllung von insgesamt dreizehn Kriterien«. Neuseeland zum Beispiel, wahrscheinlich eine der am indoktriniertesten Freihandelsregierungen überhaupt, hat ungeachtet dessen kein Freihandelsabkommen angeboten bekommen, weil sie Gesetze verabschiedet hat, die das Anlegen von Atomschiffen verbieten, eine Maßnahme, die die USA als gegen sich gerichtet betrachten.
- Manipulation des Dollarwerts, um die Kosten für die Krise auf Rivalen unter den zentralen Volkswirtschaften abzuwälzen und die Wettbewerbsfähigkeit der US-Wirtschaft zu verbessern. Eine langsame Wertminderung des Dollars gegenüber dem Euro könnte als Anpassung an den Markt interpretiert werden, doch der 25%ige Wertverlust kann bestenfalls als Politik des wohlwollenden Wegsehens betrachtet werden. Und obwohl die Bush-Administration Dementi veröffentlicht hat, dass es ihnen mit ihrer Politik nicht um das Ausstechen von Rivalen (»beggar-thy-neighbour-Politik«) ginge, hat die US-Presse es als das beschrieben, was es ist: Der Versuch, die US-Wirtschaft auf Kosten der EU und anderer zentraler Volkswirtschaften wiederzubeleben.
- Aggressive Manipulation der multilateralen Institutionen, um die Interessen des US-Kapitals durchzusetzen. Während dies in der WTO auf-

grund des Gewichts der Europäischen Union nicht so einfach zu erreichen ist, führt der leichtere Weg über den IWF und die Weltbank, wo die US-Dominanz effektiver institutionalisiert ist. Beispielsweise torpedierte das US-Finanzministerium, trotz Unterstützung von Seiten zahlreicher europäischer Regierungen, den Vorschlag des IWF-Managements, einen neuen Entschuldungsmechanismus (SDRM) einzuführen. Dieser sollte es den Entwicklungsländern ermöglichen, ihre Schulden neu zu strukturieren, während ihnen gleichzeitig ein gewisses Maß an Schutz vor Gläubigern gewährt würde. Dieser sowieso schon schwache Mechanismus wurde vom US-Finanzministerium im Interesse der US-Banken durch ein Veto verhindert.

- Schließlich, und für die kommenden Diskussionen von größter Bedeutung, das Weiterreichen der Lasten der Anpassung an die Umweltkrise sowohl an die anderen zentralen Volkswirtschaften als auch an die Entwicklungsländer. Während einige der Bush-Leute nicht glauben, dass es überhaupt eine Umweltkrise gibt, wissen dennoch einige, dass die momentane globale Emissionsrate von Treibhausgasen nicht haltbar ist. Dennoch wollen sie, dass andere die Last der Anpassung tragen, denn dadurch kann man nicht nur dem umwelttechnisch ineffizienten US-Industriesektor die Beteiligung an den Kosten für eine Anpassung ersparen, sondern gleichzeitig andere Volkswirtschaften mit noch mehr Kosten beladen, als wenn die USA sich an einem gerechten Anpassungsprozess beteiligen würden, und somit der US-Wirtschaft wiederum einen Vorsprung in der globalen Konkurrenz sichern. Es ist knallharte wirtschaftliche Realpolitik und nicht fundamentalistische Verblendung, die der Entscheidung Washingtons, das Kyoto-Protokoll zum Klimawandel nicht zu unterzeichnen, zugrunde liegt.

Die Schlussfolgerung aus all dem ist, dass sich das Globalisierungsprojekt in der Krise befindet. Es sollte allerdings nicht ausgeschlossen werden, dass es unter einer demokratischen oder liberal-republikanischen Präsidentschaft ein Wiedererstarken erfährt (erfahren hätte, Anm. d. Übers.), besonders da es in der US-Geschäftswelt einflussreiche globalistische Stimmen gibt – unter ihnen George Soros – die in Opposition zur unilateralen Stoßrichtung der Bush-Administration stehen. Doch aus unserer Sicht ist dies unwahrscheinlich, Unilateralismus wird wohl eher noch eine Weile lang vorherrschen.

Nichtsdestotrotz garantiert diese Krise nicht einen ultimativen Aufstieg der Kräfte gegen den Neoliberalismus auf der Linken. Auch die politische Rechte ist in Bewegung, sie zieht ihren Vorteil aus der Krise des neoliberalen Establishments und präsentiert ideologische Mischungen aus Reaktion und Populismus, die die tiefsten Ängste der Menschen ansprechen. In diesem Zusammenhang sei auf die massenhafte Akzeptanz des faschistischen Slogans Le Pens verwiesen: »sozial stehe ich links, wirtschaftlich rechts, und politisch bin ich für Frankreich.« Mit neoliberaler Ideologie auf dem Rückzug, bahnt sich der Wettbewerb um die desillusionierten Massen wie ein apokalyptischer Kampf zwischen rechts und links an, dies zu einem Zeitpunkt, wo ein ideologisches Comeback des globalen Establishments noch überhaupt nicht ausgeschlossen werden kann.

Wir sind also, kurz gesagt, eingetreten in eine historische Phase, die gekennzeichnet ist von einer anhaltenden Wirtschaftskrise, der Ausbreitung globalen Widerstands, dem Wiedererscheinen des Machtgleichgewichts zwischen den zentralen Volkswirtschaften und dem Wiederaufkommen akuter inner-imperialistischer Widersprüche. Wir sollten einen gesunden Respekt haben vor amerikanischer Macht, aber wir sollten sie auch nicht überschätzen. Es gibt die Anzeichen dafür, dass die USA ernsthaft überdehnt sind und dass ihre scheinbaren Machtdemonstrationen tatsächlich strategische Schwäche ausdrücken.

Probleme des imperialen Managements

Als George W. Bush am ersten Mai 2003 auf dem Flugzeugträger USS Abraham Lincoln vor der kalifornischen Küste landete, um das Ende des Krieges im Irak zu verkünden, schien Washington auf dem Zenit seiner Macht. Viele Kommentatoren nannten es in einer Mischung aus Bewunderung und Abscheu das »neue Rom«. Die Landung auf dem Flugzeugträger selbst war, wie der Kanadier Anthony Wallace bemerkte, eine Zurschaustellung von Macht – ein Spektakel, das nach dem Vorbild des Science Fiction Thrillers »Independence Day« und Leni Riefenstahls »Triumph des Willens« aufgeführt wurde.

In der Anfangssequenz von »Triumph des Willens« wird gezeigt, wie Adolph Hitler 1934 beim Parteitag der NSDAP in Nürnberg landet. Präsident Bush begann sein Spektakel mit der Landung auf dem Deck des Flugzeugträgers in einem S-3B Viking Jet. Auf der Windschutzscheibe des Jets prangten die Worte »Commander in Chief« (»Oberbefehlshaber«). Der Präsident stieg dann in voller Kampfmontur aus, was stark an die dramatischen Schlussszenen aus »Independence Day« erinnerte. In jenen Szenen führt ein amerikanischer Präsident vom Cockpit eines kleinen Kampfjets aus eine globale Koalition an. Das Ziel der US-geführten Operation ist es, den Planeten vor dem Angriff Außerirdischer zu verteidigen.

Doch Glück ist unbeständig, besonders zu Kriegszeiten. Bush und seine Berater wünschen sich heute vermutlich, dass sie das Fotospektakel vom ersten Mai nie inszeniert hätten. Weniger als sechs Monate später, Mitte September, verloren die USA, zusammen mit der Europäischen Union, die »Schlacht von Cancún«, als die fünfte Ministerrunde der Welthandelsorganisation (WTO) in der mexikanischen Touristenstadt abgebrochen wurde. Der Hauptagitator in dem Bemühen, die Pläne Washingtons und Brüssels zu durchkreuzen, ihre Agenda den Entwicklungsländern aufzuzwingen, war die neu gegründete Gruppe der 20, oder G-20, angeführt von Brasilien, Indien, Südafrika und China.

Dass die G-20 sich trauten, Washington herauszufordern, hatte sicherlich mit der Tatsache zu tun, dass bis September die Legitimität der Irak-Invasion international in Scherben lag, da die Massenvernichtungswaffen-Begründung für den Krieg in sich zusammengefallen war; Tony Blair,

Bushs loyaler Verbündeter, kämpfte um sein politisches Überleben; und die US-Streitkräfte im Irak waren mit etwas konfrontiert, was an die antike Foltermethode des »Todes durch tausend Stiche« (»Death by a thousand cuts«) erinnerte.

Macht funktioniert teilweise über Wahrnehmung, und der Inflation der US-Macht direkt nach der Invasion des Irak folgte in den nächsten Monaten eine noch schnellere Deflation. Als das US-Image zu dem eines erfolglos nach unsichtbaren Liliputanern um sich schlagenden Gullivers wurde, begannen andere »Regime Change«-Kandidaten wie Damaskus, Pyonyang und Teheran, die Drohungen aus Washington zunehmend als leere Worthülsen zu betrachten.

Doch Washington war sich dieser vor den Augen der Welt ablaufenden Erosion seiner Fähigkeiten, andere Regierungen zu unterwerfen, durchaus bewusst: Ende Oktober sprach George W. Bush in alter Bill-Clinton-Manier davon, Nordkorea eine »Sicherheitsgarantie« auszusprechen, jene aggressive Isolationspolitik, die das Markenzeichen seines ersten Jahres im Amt gewesen war.

Unfähig, noch mehr Truppen in den Irak zu senden, ohne den Eindruck zu vermitteln, dass man in einem Krieg mit unvorhersehbarem Ausgang gefangen war, verzweifelte man in Washington zunehmend. Bis zur Cancún-Ministerrunde war die Botschaft aus Washington: »Wir wollen raus aus Irak, aber nicht mit eingezogenem Schwanz. Wir brauchen UN-Unterstützung, um den Eindruck zu erzeugen, dass wir multinationale Sicherheitskräfte und eine funktionierende Regierung zurücklassen.«

US-Behörden bejubelten am 17. Oktober 2003 die Annahme einer verwässerten Resolution durch den UN-Sicherheitsrat, die eine internationale Truppe unter US-Führung billigte. Doch die meisten Beobachter sahen sehr wenige nicht-amerikanische Soldaten und wenige nicht-amerikanische Mittel für den Wiederaufbau, ein Resultat der äußerst vagen Nachkriegsplanungen. Vielen Regierungen roch es zu sehr nach einer Wiederholung von Richard Nixons »Frieden mit Ehre«-Rückzugsstrategie aus Vietnam, und nur wenige wollten in so ein sinnloses Unterfangen hineinrutschen. Als Washington ein paar Wochen später als Reaktion auf die zunehmend effektiveren Guerilla-Angriffe einen beschleunigten Abzug ankündigte, bestätigte dies den Eindruck, dass die Bush-Administration auf einen Rückzug wie in Vietnam aus war.

Von der Invasion im März bis Ende 2003 waren 325 US-Soldaten gefallen, 210 davon nach Bushs Landemanöver à la Nürnberger Reichsparteitag. Zwischen dem 1. Mai 2003 und dem 24. März 2004 waren 289 US-Soldaten getötet worden, was die Gesamtzahl auf 586 steigen ließ.

Die Gefangennahme Saddam Husseins Mitte Dezember 2003 bestätigte lediglich, dass Saddam nicht kontrollierte, was eindeutig ein Volkswiderstand war, da die Guerilla-Angriffe unablässig weitergingen. Und während wir in den vierten Monat des Jahres 2004 eintraten, war die Frage nun nicht mehr, *ob* der irakische Widerstand sein Pendant zur Tet-Offensive verwirklichen würde, sondern *wann*.

Die Dynamik der Überausdehnung

Das Irak-Dilemma und der Zusammenbruch der WTO-Ministerrunde in Cancún waren nur zwei Anzeichen für die tödliche Krankheit großer Imperien: Überausdehnung. Es gab noch andere Indikatoren, darunter:

- das Versagen, in Afghanistan, wo die Macht der Karzai-Regierung gerade mal bis in die Außenbezirke Kabuls reicht, ein abhängiges Regime zu errichten bzw. zu konsolidieren;
- das absolute Unvermögen, die Situation in Palästina zu stabilisieren, wobei das Desinteresse der Sharon-Regierung an ernsthaften Verhandlungen über einen lebensfähigen palästinensischen Staat Washington zunehmend in Bedrängnis bringt;
- das Anwachsen des islamischen Extremismus nicht nur an seinem Geburtsort im Nahen Osten, sondern auch in Süd- bzw. Südostasien, paradoxerweise durch US-Invasionen ausgelöst – im Irak und in Afghanistan – die jeweils mit der Bekämpfung des Terrorismus gerechtfertigt worden waren;
- das Auseinanderfallen der Atlantischen Allianz, die den Kalten Krieg gewonnen hatte;
- die Etablierung anti-amerikanischer und anti-neoliberaler Regimes in Washingtons Hinterhof (Lateinamerika), verkörpert durch Luis Inacio da Silva in Brasilien und Hugo Chavez in Venezuela, während sich die USA auf den Nahen Osten konzentrierten;
- das Aufkommen einer Massenbewegung der grenzüberschreitenden Zivilgesellschaft, die eine zunehmend erfolgreiche Kampagne geführt hat, um die US-Truppenpräsenz im Irak zu delegitimieren, und entscheidend dazu beigetragen hat, die WTO-Ministerrunden in Seattle und Cancún zum Scheitern zu bringen.

Pax Romana vs. Pax Americana

Vor fast 3.000 Jahren war ein anderes großes Imperium mit dem gleichen Problem der Überausdehnung konfrontiert. Die Lösung dieses Problems ließ es 700 Jahre lang weiterexistieren. Die römische Lösung war nicht nur, bzw. nicht einmal prinzipiell militärisch ausgerichtet. Die Römer erkannten, dass eine wichtige Komponente erfolgreicher imperialer Herrschaft der Konsens unter den Dominierten über die »Richtigkeit« der römischen Ordnung war. Wie der Soziologe Michael Mann in seinem Klassiker »Sources of Social Power« (»Geschichte der Macht«) bemerkt, war die Ausdehnung der römischen Staatsangehörigkeit auf herrschende Gruppen und Nicht-Sklavenvölker im gesamten Imperium der politische Durchbruch, der die zahlreichen Allianzen in den römisch dominierten Nationen schuf. Politische Staatsangehörigkeit verbunden mit der Vision, dass das Imperium Frieden und Wohlstand für alle bringen würde, erzeugten das ungreifbare, aber unverzichtbare moralische Element der Legitimität.

Offensichtlich spielt die Ausdehnung der Staatsangehörigkeit keine Rolle in der imperialen Ordnung der USA. Die US-Staatsangehörigkeit wird vielmehr sorgfältig einer kleinen Minderheit der Weltbevölkerung vorbehalten, zu deren Territorium der Zugang sehr strikt kontrolliert wird. Untergeordnete Bevölkerungen sind nicht zu integrieren, sondern in Schach zu halten mit der Anwendung von Gewalt oder der Androhung derselben, oder aber durch ein System globaler oder regionaler Regeln und Institutionen – der WTO, dem Bretton-Woods-System, der NATO – die immer offener manipuliert werden, um den Interessen des imperialen Zentrums zu dienen.

War die Ausdehnung universeller Staatsangehörigkeit zwar nie ein Instrumentarium des amerikanischen imperialen Arsenals, so fand Washington in der Phase nach dem Zweiten Weltkrieg in seinem Kampf gegen den Kommunismus eine andere politische Formel, die seinen weltweiten Anspruch rechtfertigte. Die beiden Elemente dieser Formel waren der Multilateralismus als System globaler Machtausübung sowie die liberale Demokratie.

Unmittelbar nach dem Kalten Krieg war die Hoffnung auf eine moderne Version der Pax Romana tatsächlich weitverbreitet. In liberalen Kreisen hoffte man, die USA würde ihren Status als alleinige Supermacht dazu gebrauchen, eine multilaterale Ordnung zu stärken, die zwar ihre

Hegemonie institutionalisieren, aber gleichzeitig einen globalen Augustinischen Frieden sichern würde. Dies war der Weg zur ökonomischen Globalisierung und multilateralen Regierung. Dies war der Weg, der durch George W. Bushs Unilateralismus zerstört wurde.

Wie Frances Fitzgerald in »Fire in the Lake« (»Feuer auf dem See«) bemerkte, war das Versprechen, liberale Demokratie zu verbreiten, ein mächtiges Ideal, welches die amerikanischen Waffen im Kalten Krieg begleitete. Heute jedoch ist die liberale Demokratie à la Washington oder Westminster in allen Entwicklungsländern in Misskredit geraten, da sie zu einer Fassade für oligarchische Herrschaft degeneriert ist, wie z.B. in den Philippinen, in Pakistan in den Zeiten vor Musharraf und quer durch ganz Lateinamerika. Tatsache ist, dass die liberale Demokratie in den USA selbst weniger demokratisch und weniger freiheitlich geworden ist. Und ganz gewiss gibt es nur wenige Menschen in den Entwicklungsländern, die ein System, das durch Unternehmenskapital angetrieben und korrumpiert wird, als Modell für ihr eigenes Land ansehen.

Es wird extrem schwierig, die moralische Vision wiederherzustellen, die nötig wäre, um einen Konsens für die US-Hegemonie zu erzeugen. Und in der Tat denkt man dieser Tage in Washington, dass die effektivste Methode, um solch einen Konsens herzustellen, die Androhung von Gewaltanwendung ist. Trotz ihres Geredes über die Verbreitung von Demokratie in der arabischen Welt ist das eigentliche Ziel neokonservativer Autoren wie Robert Kaplan, Robert Kagan und Charles Krauthammer offensichtlich: Manipulation der Mechanismen liberaler Demokratie zur Schaffung eines pluralistischen Wettbewerbs, der die arabische Einheit zerstören würde. Den Arabern die Demokratie zu bringen, war kein nachträglicher Einfall, sondern ein von Anfang an verlogener Slogan.

Die Bush-Leute sind nicht daran interessiert, eine neue Pax Romana zu schaffen. Sie wollen eine Pax Americana, in welcher untergeordnete Völker, wie die Araber, durch einen gesunden Respekt vor tödlicher amerikanischer Schlagkraft in Schach gehalten werden, während die Loyalität anderer Gruppen, wie z.B. der philippinischen Regierung, mit jeder Menge Cash eingekauft werden. Ohne eine moralische Vision, die die Mehrheiten weltweit an das imperiale Zentrum zu binden imstande ist, kann diese Form des imperialen Managements nur eine Sache inspirieren: Widerstand.

Imperiales Dilemma

Gegen die Herausforderung der US-Hegemonie kann die absolute Überlegenheit der USA, was nukleare und konventionelle Kriegführungs-Kapazitäten angeht, wenig ausrichten. Ein Vorschlaghammer eignet sich auch nicht dazu, Fliegen zu jagen. Für Interventionen, Invasionen und die Durchführung von Besatzungen werden Bodentruppen weiterhin entscheidend sein. Doch es dürfte wohl auszuschließen sein, dass die US-Öffentlichkeit eine Aufstockung der Bodentruppen, die die 168.000 Soldaten, die im Irak und den Golfstaaten sowie die 47.000, die in Afghanistan, Südkorea, den Philippinen und auf dem Balkan stationiert sind, wesentlich übersteigen würde, tolerieren würde.

Es ist nun völlig klar, dass die USA ernsthaft überdehnt sind. Wie James Fallows im Atlantic schrieb, ist es zwar möglicherweise leicht übertrieben, zu sagen, dass »das gesamte US-Militär entweder im Irak ist, aus dem Irak heimkehrt, oder sich darauf vorbereitet, dorthin zu fahren«. Doch 40% der 2004 im Irak stationierten Soldaten sind keine professionellen Soldaten, sondern Mitglieder der Nationalgarde oder der Reserve, die sich in dem Glauben verpflichten ließen, dass sie lediglich Teilzeit-Krieger sein würden. Ich bin mir sicher, dass die meisten von ihnen niemals erwartet hätten, für mehrere Monate am Stück an einem so gefährlichen Ort stationiert zu sein.

Es gäbe die Option, zur Kanonenboot-Diplomatie der Clinton-Ära zurückzukehren, was Andrew Bacevich als die Anwendung von präzisen Luftschlägen ohne Bodentruppen beschreibt, »um zu bestrafen, Grenzen aufzuzeigen, zu signalisieren und zu verhandeln«. Die Bush-Leute jedoch sträuben sich gegen solch eine Option, und das aus gutem Grund: Ob wie bei Bill Clintons Beschuss der vermeintlichen Unterschlüpfe Bin Ladens in Afghanistan und im Sudan mit Cruise Missiles, oder Lyndon B. Johnsons »Operation Rolling Thunder« gegen Nordvietnam 1964 – solche Luftangriffe haben lediglich eine beschränkte Wirkung auf einen entschlossenen Gegner. Andererseits funktioniert es auch mit Bodentruppen nicht wirklich viel besser. Es drängt sich die Frage auf: Befinden sich die USA in einer Konstellation, die sie nicht gewinnen können?

Eine Rückkehr zum Multilateralismus?

Könnte eine durchdachtere Administration die durch die Bush-Präsidentschaft verursachten Schäden des imperialen Managements der USA wieder beheben, indem sie Multilateralismus und zudem eine »moralische« Dimension wieder in das Imperium einführt?

Vielleicht, doch selbst dieser Ansatz könnte sich als Anachronismus herausstellen. Denn die Geschichte bleibt nicht stehen. Eine wiederbelebte US-geführte Koalitionspolitik wird es sehr schwer haben, dem Flächenbrand islamisch-fundamentalistischer Reaktion zu begegnen, die US-Alliierte wie in Saudi Arabien oder die Eliten der Golf-Staaten früher oder später stürzen oder ihren Machterhalt ernsthaft gefährden könnten. Die Rückkehr zum Versprechen aus dem Kalten Krieg, Demokratie zu verbreiten, dürfte wenig Erfolg haben bei aufgebrachten Menschen, die gesehen haben, wie US-unterstützte, eliten-kontrollierte Demokratien wie in Pakistan oder den Philippinen zu Hindernissen für wirtschaftliche und soziale Gleichheit geworden sind. Und sich auf das Versprechen aus der Clinton-Ära von Wohlstand für alle durch beschleunigte Globalisierung zu berufen, dürfte genauso wenig funktionieren, da es längst erwiesen ist, dass, wie selbst die Weltbank zugibt, Armut und Ungleichheit in den 1990er Jahren – dem Jahrzehnt beschleunigter Globalisierung – weltweit angestiegen sind.

Soweit es den wirtschaftlichen Multilateralismus betrifft, so hört sich George Soros' Forderung nach einer Reform des IWF, der Weltbank und der WTO, um eine ausgeglichenere Form der Globalisierung zu fördern, vielleicht ganz vernünftig an. Doch wird sie kaum Unterstützung bei den dominanten Interessengruppen der US-Wirtschaft finden, welche schließlich die WTO-Gespräche mit ihrer aggressiv protektionistischen Haltung in Bezug auf Landwirtschaft, intellektuelle Eigentumsrechte und Stahl-Schutzzölle torpedierten, und ihrer Räubermentalität gegenüber anderen Volkswirtschaften, wenn es um Investitionsrechte, Kapitalmobilität oder die Einfuhr genmanipulierter Produkte ging. Bewaffnet mit der ideologischen Nebelkerze des Freihandels ist es sogar wahrscheinlich, dass das US-Unternehmensestablishment in einer Ära globaler Stagnation, Deflation und sinkender Profite, in die die Welt eingetreten ist, noch protektionistischer und merkantilistischer handeln wird.

Die Herausforderer

Und die Zukunft? Militärisch werden die USA wohl zweifelsfrei absolut überlegen bleiben, gemessen in den Kategorien militärischer Stärke wie der Anzahl nuklearer Sprengköpfe, konventioneller Waffen und der Flugzeugträger. Doch die Fähigkeit, militärische Stärke in effektive Intervention umzuwandeln, wird geringer werden, je mehr das »Irak-Syndrom« einsetzt.

Das Auseinanderbrechen der Atlantischen Allianz ist unumkehrbar, der Konflikt über den Irakkrieg verursachte lediglich eine Beschleunigung der zerstörerischen Dynamik der Differenzen, die sich seit den 1990er Jahren praktisch auf allen Ebenen internationaler Beziehungen aufgebaut hatten. Europa wird sich dem Aufbau einer Europäischen Verteidigungsarmee widmen, welche unabhängig von der NATO sein wird, doch es wird die strategische Überlegenheit der USA nicht in Frage stellen. Politisch wird Europa jedoch aus der Umlaufbahn der USA austreten und sich zunehmend als alternativer Pol präsentieren – es wird regionales Eigeninteresse mit einem liberalen, diplomatieorientierten und multilateralen Ansatz verfolgen.

Was die wirtschaftliche Stärke betrifft, so werden die USA hier wohl über die nächsten zwei Jahrzehnte die dominierende Macht darstellen. Doch es ist wahrscheinlich, dass dies nicht ewig so weitergeht. Die Voraussetzungen ihrer Vormachtstellung – internationale Rahmenbedingungen für transnationale kapitalistische Kooperation, für welche die WTO eine zentrale Rolle spielt – erodieren. Bilaterale oder regionale Handelsvereinbarungen werden zunehmen, wobei die dynamischsten davon nicht diejenigen sein werden, welche die schwachen Volkswirtschaften mit einer großen Supermacht wie den USA oder der EU abschließen, sondern regionale Handelsvereinbarungen zwischen den Entwicklungsländern – oder im Jargon der Entwicklungsökonomie, »Süd-Süd-Kooperation«. Formationen wie der Mercosur in Lateinamerika, die Assoziation südostasiatischer Nationen (ASEAN) und die Gruppe der 20 werden zunehmend die Lektionen reflektieren, die die Entwicklungsländer während der letzten 25 Jahre der destabilisierenden Globalisierung gelernt haben: Dass die Handelspolitik der Entwicklung untergeordnet werden muss, dass Technologie von harten Regelungen bezüglich intellektuellen Eigentums befreit werden muss, dass Kapitalkontrollen notwendig sind, dass Entwicklung mehr und nicht weniger Staatsintervention erfordert. Und, am wichtigsten, dass die Schwachen zusammenhalten müssen, weil sie sonst einzeln fertiggemacht werden.

Unter den Entwicklungsländern ist China eine ganz eigene Kategorie. China ist in der Tat ein Gewinner der Bush-Ära. China hat es geschafft, sich in zentralen wirtschaftlichen und politischen Konflikten auf Seiten aller, und somit auf keiner Seite außer der Seite Chinas zu positionieren. Während die USA in endlosen Kriegen versumpfen, hat es China durch geschickte Manöver erreicht, frei von jeglichen Verpflichtungen zu bleiben, um so schnelles Wirtschaftswachstum, technologische Vertiefung und politische Stabilität zu erzielen. Demokratisierung ist natürlich nach wie vor dringend notwendig, doch der Zusammenbruch Chinas – den viele China-Beobachter gerne voraussagen, um ihre Bücher zu verkaufen – wird wohl ausbleiben.

Der andere große Gewinner der letzten paar Jahre ist, was die New York Times die zweite Supermacht nach den USA nannte: die globale Zivilgesellschaft, eine Kraft, deren dynamischster Ausdruck das Weltsozialforum ist. Dieses schnell wachsende grenzüberschreitende Netzwerk, das den Norden und den Süden umspannt, ist die Hauptkraft für Frieden, Demokratie, fairen Handel, Gerechtigkeit, Menschenrechte und nachhaltige Entwicklung. So unterschiedliche Regierungen wie Peking und Washington machen sich gleichermaßen über die Forderungen dieser Bewegung lustig. Unternehmen hassen sie. Und multilaterale Institutionen sehen sich gezwungen, ihre Sprache der »Rechte« zu übernehmen. Doch ihre zunehmende Fähigkeit, die Mächtigen zu delegitimieren und die Unternehmensergebnisse zu beschneiden, ist eine Tatsache, mit der sie alle werden leben müssen.

Die abnehmende Fähigkeit der USA, globale Ereignisse zu kontrollieren, das Aufkommen regionaler Wirtschaftsblöcke zu einem Zeitpunkt, da sich das multilaterale System im Niedergang befindet, die zunehmende Bestimmtheit der Entwicklungsländer und das Zustandekommen einer globalen Zivilgesellschaft als stärker werdende Kontrolle von Staaten und Unternehmen – diese Trends werden sich in den nächsten Jahren beschleunigen.

Geschichte kann gerissen und bösartig sein und spielt mit uns allen oft ein verrücktes Spiel, wobei mitunter das genaue Gegenteil von dem herauskommt, was die Akteure ursprünglich im Sinn hatten. Die »Full Spectrum Dominance« der USA im 21. Jahrhundert ist das erklärte Ziel der Neokonservativen, die mit George W. Bush an die Macht kamen. Paradoxerweise hat die Verfolgung dieses Ziels durch die aktuelle Administration die Erosion der US-Hegemonie beschleunigt – ein Prozess, der durch eine geschicktere imperiale Elite vielleicht hätte verlangsamt werden können.

Eines dürfte klar sein: Wenn die Römer heute zugegen wären, könnten sie nur zu einem Schluss kommen: So führt man kein imperiales Management.

Das American Empire und seine mesopotamische Misere

Wie so viele von uns hat auch mich über das ganze Jahr 2004 über das Thema Irak beschäftigt. Der Krieg gegen den Irak hat, wie Bob Woodward es in seinem Buch »Der Angriffsplan« formuliert, »die Atemluft des Systems aufgesaugt«. Er ist das zentrale Ereignis unserer Zeit, unser Spanischer Bürgerkrieg, unser Vietnam. Sowohl hier als auch in anderen Teilen der Welt scheint alles in einer Warteschleife zu hängen, solange für diese grauenvolle Situation, die durch die US-Invasion und -Besatzung des Landes geschaffen wurde, keine gerechte und entgültige Lösung gefunden worden ist.

Zwei beinahe zeitgleiche Ereignisse haben das amerikanische Unterfangen in ein Desaster verwandelt: Der Widerstand in der Stadt Falludscha und der Skandal, der durch die sexuellen Misshandlungen der Häftlinge im Haupt-Militärgefängnis von Bagdad, Abu Ghraib, ausgelöst wurde.

Die Abu Ghraib-Horrorshow hat die arabische Welt erzürnt und viele Amerikaner beschämt. Doch kurzfristig gesehen sind es die Auswirkungen auf die US-Armee, die die Irakintervention der Bush-Administration am stärksten bedrohen.

Alle, die wegen sexueller Misshandlungen oder Folter im Abu Ghraib-Gefängnis angeklagt sind, sind Angehörige des Heeres. Ironischerweise ist dies genau der Teil der Streitkräfte, dessen Befehlshaber der geplanten Irak-Intervention am widerwilligsten gegenüberstanden. Im Vorfeld der Irak-Invasion sagte General Eric Shinseki, der Heeresstabschef, einem Ausschuss des US-Kongresses, dass mindestens 200.000 Soldaten notwendig sein würden, um den Irak zu besetzen und ihn anschließend zu befrieden. Dem widersprach öffentlich Verteidigungsminister Donald Rumsfeld, der die notwendige Truppenstärke, zur Aufstellung von Garnisonen im Irak bis zum Ende des Sommers 2003 auf 30.000 Soldaten veranschlagte. Ausgehend von seiner Strategie der Präzisionsbombardierungen und Luftschläge, die Saddams Republikanische Garde in Stücke reißen sollten, war Rumsfeld zuversichtlich, dass der Armee de facto lediglich hier und dort ein paar Aufräum-Operationen und eine insgesamt friedliche Besatzung bevorstehen würden.

Der Zahltag kommt

Nun ruft man das Heer an, damit es mehr Truppen für den Fleischwolf Irak zur Verfügung stellt, um für die Fehleinschätzungen von Rumsfeld und der zivilen Führung im Pentagon zu bezahlen.

Seit März 2004 sind 135.000 Soldaten im Irak geblieben, und mit dem Anwachsen des Widerstandes im April 2004 wurde der Einsatz für 20.000 Soldaten, die ihre Heimreise schon vor sich hatten, bis Juni 2004 verlängert. Aufgrund der Militärreformen der Clinton- und Bush-Administrationen und der damit einhergehenden Verkleinerung des stehenden Heeres hat die Armeeführung bereits auf die Reserve und die Nationalgarde zurückgreifen müssen, um die Besatzung des Irak zu bewerkstelligen. Laut James Fallows stellen die Reserve und die Nationalgarde, häufig als »Wochenendkrieger« bezeichnet, da sie normalerweise zivilen Berufen nachgehen, bereits heute etwa 40% des US-Militärkontingents im Irak. Ein Resultat davon sind Probleme mit der Truppenmoral, da, wie Richard Clarke, der frühere Antiterrorismus-Beauftragte der Bush Administration, feststellt, dieser ausgedehnte Dienst »die Leben von Zehntausenden [unterbrochen hat], die auf das Einkommen aus ihrem zivilen Job gebaut haben, um Hypotheken und andere Familienausgaben bezahlen zu können.«

Durch den ans Licht gekommenen Abu Ghraib-Skandal erscheint es vielen im Heer so, als werde ihre Abteilung nun zum Sündenbock gemacht für das Debakel, das sich im Irak unweigerlich anbahnt.

Wiederholt sich Vietnam?

Eine Wiederholung dessen, was sich in den US-Heeresstreitkräften während des Vietnamkrieges abspielte, scheint nun eine reale Möglichkeit geworden zu sein. Die Auswirkung dieses Krieges auf das Heer hat sich bei dessen Offizieren viel stärker ins Gedächtnis eingebrannt als bei den anderen Teilstreitkräften wie der Navy, der Air Force oder den Marines. Wie ein aus der Air Force stammender Hauptbefürworter der in Mode gekommenen Strategie der Präzisionsbombardierungen dem Autor David Halberstam erzählte, bestimmen die verschiedenen Erfahrungen in Vietnam auch die Unterschiede in der Wahrnehmung militärischer Interventionen bei Offizieren der Air Force und des Heeres:

»[Er] glaubte, dass er und andere in der Air Force weniger Schaden davongetragen hätten als das Heer. Sicherlich waren er und viele seiner Kameraden sehr frustriert über die, wie sie fanden, äußerst widerwärtigen Einsatzregeln. Und sie waren auch des öfteren unter Beschuss geraten, teilweise aus Teilen entlang des Ho Chi Minh Pfads, die außerhalb der Feuer-Erwiderungszone lagen. Allerdings war bei der Air Force die Kampflast von einem elitären Offizierskorps getragen worden. Es gab kein weitverbreitetes Kiffen und keine Ermordungen von Offizieren durch die Truppe, wie es seiner Meinung nach beim Heer der Fall gewesen war. In der Air Force hatte sich die Truppenmoral nie verschlechtert. Sie hatten zwar Männer verloren und auch bitterste Frustrationen erfahren, aber irgendwie war das Ganze bei ihnen nicht so tief und so zersetzend gewesen wie bei den Heeresstreitkräften, glaubte er. Viele der Heeressoldaten kamen seiner Auffassung nach zutiefst verletzt, ja emotional verwundet aus dem Krieg nach Hause, so als fühlten sie persönliche Schande in dem, was vorgefallen war, was die Methoden der Heeresführung, wie Krisen zu bewältigen sind, erheblich mitprägte.«

Die Lektionen, die die Armeeführung in Vietnam gelernt hatte, das absolute Bestreben, die Armee nie wieder außer Kontrolle geraten zu lassen, fanden schließlich in General Colin Powell ihre Verkörperung, dem Oberbefehlshaber der Vereinigten Stabschefs unter der Bush Sen.-Administration und in den ersten neun Monaten der Clinton-Amtszeit. Powell hat den zivilen Politikern stets misstraut, da sie, wie in Vietnam, nicht die volle Tragweite militärischer Entscheidungen überblickten, sondern eher davon ausgehen, dass so etwas im Handumdrehen zu erledigen sei.

Laut Halberstam waren Powell und sein Team im Pentagon »nicht nur unverbesserliche Gegner aller scheinbar schnellen und einfachen Demonstrationen amerikanischer Militärmacht – der Zurschaustellung überlegener Luft- oder Seestreitmacht an Orten, wo es gerade gelegen kam –, sondern sie waren auch zögerlich, selbst irgend eine einfache humanitäre Rolle anzunehmen, die vielleicht zu wenig durchdacht war, zu sehr auf ein offenes Ende hinauslief, oder das Land in einen ungewollten Kampfeinsatz ziehen könnte.«

Die Powell-Doktrin

Diese Haltung wurde als »Powell-Doktrin« bezeichnet, die mehr oder weniger besagte, dass jegliche Intervention stets massiv sein müsste, und zwar mit klaren Zielsetzungen, mit erheblicher öffentlicher Unterstützung und mit einer sauber definierten Rückzugsstrategie. Entweder so oder gar nicht.

Nicht, dass der Geist dieser Doktrin nicht interventionistisch gewesen wäre. Denn das war sie durch und durch. Allerdings wurde sie als »kluger« Interventionismus dargestellt – im Gegensatz zu dem Interventionismus mit offenem Ende der Vergangenheit. Wie jeder weiß, war es Powell, der, trotz seiner Rolle als Kriegsheld im ersten Golfkrieg, dagegen war, Saddam Hussein anzugreifen, und es stattdessen vorzog, einen großen Ring um Saudi Arabien zu ziehen, den die Iraker dann auf eigene Gefahr überschreiten würden. Seine ablehnende Haltung gegenüber der Intervention auf dem Balkan unter der Clinton-Administration war so massiv, dass eine entnervte Madeleine Albright, damals US-Botschafterin bei den Vereinten Nationen, zu ihm sagte: »Wofür hortest du diese überlegene Militärmacht, wenn wir sie nicht einsetzen, Colin?«

Albright und Clinton sahen in der Powell-Doktrin einen Vorschlaghammer, der für die Kriege in der Ära nach dem Kalten Krieg ungeeignet war. Was benötigt wurde, war ihrer Meinung nach etwas Flexibleres; eine Strategie, die vielmehr auf »intelligenten Waffen« und einer geringen Zahl an Bodentruppen basierte.

Die Spannungen zwischen vorsichtigen Militärs bzw. Ex-Militärs und den zivilen Befürwortern von Gewalt – den »zivilen Militaristen«, um Chalmers Johnsons treffenden Ausdruck zu benutzen – haben unter der Bush-Administration zugenommen. Denn die Pentagon-Elite unter Bush – von den Generälen spöttisch die »Chicken Hawks« (»Feige Falken«) genannt – vergöttern Präzisionswaffen und Luftstreitmacht noch mehr als die Clinton-Leute.

Als er gefragt wurde, wie sein Verhältnis zu den Neokonservativen sei, die den politischen Stab des Pentagon dominieren, soll Powell gesagt haben: »Ich werde nicht zulassen, dass diese Bastarde mich aus dem Amt drängen.« Richard Armitage, Vizeaußenminister und ebenfalls Armee-Veteran, erzählte der Washington Post, dass sein immer gleichbleibender Rat an Colin Powell Ende 2003, wann immer es einen Streitpunkt mit dem Weißen Haus über Nahost-Fragen gab, lautete: »Geh und sag diesen

Leuten, sie sollen sich selber ficken.« Und General a.D. Tommy Franks, ehemaliger Chef des Zentralkommandos, sagte über Douglas Feith, den neokonservativen politischen Unterstaatssekretär im Pentagon: »Ich hab fast jeden Tag mit dem verdammt bescheuertesten Typen auf dem Gesicht dieses Planeten zu tun.«

Versuche, das Desaster abzuwenden

Während die Bush-Administration, angetrieben von Rumsfeld, Feith und Vizeverteidigungsminister Paul Wolfowitz, Ende 2002 und Anfang 2003 der Invasion des Irak immer näher kam, nahmen auch die Reibungen zwischen den Pentagon-Zivilisten und der Armee und ihren prominenten Veteranen weiter zu. Der geplante Irak-Einsatz verletzte alle zentralen Richtlinien der Powell-Doktrin. Die Zielsetzung war offen. Die Truppenstärke von 150.000 Soldaten war zu klein. Es gab kaum Planungen für die Besatzung. Es gab keine Rückzugsstrategie. Es gab kein Verständnis des städtischen Aufstandes, der folgte. General a.D. Joseph Hoar, ein weiterer ehemaliger Chef des Zentralkommandos, warnte: »Im Häuserkampf kann pro Tag ein Bataillon draufgehen... Unsere Trümpfe des Kommandos, der Kontrolle, der Technologie – all diese Vorteile werden teilweise aufgegeben und ersetzt durch Unteroffiziere und Feldwebel und junge Männer, die sich Straße für Straße durchkämpfen müssen.« Dies waren sehr nachdrückliche Worte, doch Bush, Vizepräsident Cheney, Rumsfeld und Wolfowitz hörten nicht hin.

In einem letzten Versuch, Bush davon zu überzeugen, nicht in einen – wie Powell glaubte – verheerenden Krieg zu ziehen, hatte er laut Woodward folgendes Gespräch mit dem Präsidenten:

›Ihnen ist doch klar, dass sie das Land besitzen werden?‹ sagte Powell, um Bush noch einmal daran zu erinnern, was er ihm schon bei einem Essen am 5. August gesagt hatte. Eine Invasion würde bedeuten, sich der Hoffnungen, Ziele und Probleme der Iraker anzunehmen. Powell war sich nicht sicher, ob Bush die Bedeutungen und Konsequenzen, die ein solcher Besitz mit sich bringt, verstanden hatte.«

Als die US-Truppen Bagdad erreichten, war klar, dass das eingesetzte Truppenkontingent im Irak zu klein war; die US-Soldaten waren unfähig, dem verbreiteten Plündern von Regierungsgebäuden, einschließlich des Nationalmuseums, wo wertvolle Antiquitäten aufbewahrt worden waren,

Einhalt zu gebieten. Die Befürchtungen des Powell-Teams wurden in den nächsten Monaten Realität, als sich der städtische Aufstand immer weiter ausbreitete. Armeeveteran Armitage bemerkte: »Besonders das Heer war überfordert und überlastet durch die Gleichzeitigkeit der drei Kriege – Afghanistan, Irak und der globale Krieg gegen Terrorismus...«

Eine tickende Zeitbombe

In der Wahlkampagne 2000 griffen die Bush-Leute die Clinton-Administration dafür an, dass sie die Armee mit Friedensmissionen überlasten würden. Dies sorge dafür, dass die an diesen Missionen beteiligten Bataillone Inspektionen nicht durchführten und auch mit dem Training und den Prüfungen nicht hinterherkämen. Gemessen daran, so der Vorwurf von Richard Clarke, »hat die Bush-Administration die US-Armee noch viel stärker beschädigt.«

Neokonservative Schreiberlinge, die im Irak Journalisten mimen, wie z.B. Max Boot, Autor der »Savage Wars of Peace« (»Die blutrünstigen Kriege für den Frieden«), verschärften das Problem der Truppenmoral noch weiter, als sie in den Staaten Geschichten veröffentlichten, in denen sie die »intelligenten« Marines mit dem »dummen« Heer verglichen, was von vielen Seiten auch so aufgenommen wurde. In einer denkwürdigen Passage schreibt er: »Im sunnitischen Dreieck begegnen den US-Patrouillen stets düstere Blicke. Im Zentralirak ist es dagegen normal, dass es [für die Marines] lächelnde Gesichter und Daumen hoch gibt. Kleine Kinder sind besonders enthusiastisch. Ich habe mich wie die Königin von England gefühlt, als ich den Irakern hoheitlich aus unserem Geländewagen-Konvoi zuwinkte.«

Dass Washington nicht bereit war zuzugeben, zu wenig Truppen geschickt zu haben, um wirklich etwas zu bewirken, dass ihnen die eigenen Leute in den Rücken fielen und dass der irakische Widerstand sie Tag für Tag aufrieb, beschädigte auch schon vor Abu Ghraib die Truppenmoral. Allerdings wussten die Soldaten, wo das Problem lag, nämlich ganz oben, wo Offiziere versuchten, sich bei ihren zivilen Bossen in Washington einzuschmeicheln. Ein Soldat schrieb an George Packer, einen Autor der Zeitschrift »New Yorker«: »Der Grund für die schlechte Moral liegt in den oberen Führungsrängen, bei den Brigade- und Divisionskommandeuren, und vermutlich auch den Generälen im Pentagon und im Zentralkommando, die alle ziemlich isoliert von der realen Situation vor Ort zu sein scheinen. Entweder trifft das zu, oder sie sind nicht gewillt, die Wahrheit zu hören, oder aber (und das dürfte am wahrscheinlichsten sein) sie kennen die Wahrheit, sind aber so scharf auf ihre Beförderung, dass sie dafür den Soldaten in den Rücken fallen und das Problem der schlechten Truppenmoral bewusst ignorieren. Stattdessen treiben sie die Soldaten weiter an, mit immer weniger immer mehr zu leisten, weil Rummy [Rumsfeld] uns so schnell wie möglich hier raushaben will. Diese Leute sind genau wie Alkoholiker, die nicht einmal zugeben, dass es überhaupt ein Problem gibt.«

Abu Ghraib zersetzt die Moral der unteren Ränge

Eine überlastete Armee mit mangelhafter Ausbildung und völlig unvorbereitet für den Umgang mit Zivilisten, deren Land sie besetzt halten; das ist in etwa das Bild, das der Bericht von Generalmajor Antonio Taguba über die Misshandlungen im Abu Ghraib-Gefängnis vermittelt. Vor allem gab es zu wenig Soldaten für das Gefängnis, nur ein Bataillon hatte die Aufsicht über 6.000 bis 7.000 Insassen. In der Tat gibt ein Abschnitt aus dem Bericht Einblick in einen Mikrokosmos, der exemplarisch für die Gesamtsituation der amerikanischen Streitkräfte im Irak stehen könnte:

»Reserveeinheiten haben kein individuelles Rotationssystem, um medizinische oder andere Verluste zu kompensieren. Durch die Freistellung von der Einsatzpflicht (›REFRAD‹), medizinische Evakuierung und Demobilisierung litt die 800. MP-Brigade mit der Zeit eindeutig an Personalmangel. Zusätzlich zu dieser gravierenden Unterbesetzung war die Lebensqualität der für Abu Ghraib abgestellten Soldaten sehr niedrig. Es gab keine Truppenkantine (›DFAC‹), kein Mannschaftsheim (›PX‹), keinen Friseur, keine MWR (›Aufmunterung, Wohlergehen und Erholung‹)-Einrichtungen. Dazu kamen zahlreiche Mörserattacken, Angriffe mit Gewehren und Granatenwerfern. Somit bestand eine ernsthafte Bedrohung für die Soldaten als auch die Häftlinge in der Einrichtung. Der Gefängniskomplex war zudem extrem überbelegt, und der Brigade fehlten die adäquaten Ressourcen und ausreichend Personal, um logistische Probleme zu beheben.«

Offenbar ist es der Plan der Bush-Leute, die Anklagen, Disziplinierungen und Bestrafungen in Verbindung mit den Misshandlungen in Abu

Ghraib auf ein paar einfache Soldaten und eine Handvoll Offiziere zu beschränken. Die Misshandlungen werden diesen paar faulen Eiern zugeschrieben und somit als nicht »systemisch« dargestellt. Sicherlich wird man zu verhindern wissen, dass die Beschuldigungen die Befehlsketten hinaufgereicht werden und bis zum zivilen Führungsstab dringen, der diese kriminelle Invasion geplant und somit die Bedingungen überhaupt erst geschaffen hatte, in welchen die Misshandlungen stattfanden. Das Problem mit dieser Strategie ist, dass sie zwar vielleicht das militärische und zivile Oberkommando schützen, gleichzeitig allerdings die Moral in den unteren Rängen weiter zersetzen wird.

In Vietnam gingen einfache Soldaten dazu über, ihre Offiziere z.B. mit Granaten (»Fragging«) zu töten, wenn sie keinen Sinn mehr darin sahen, ihre Leben in einem Krieg zu riskieren, der seine Legitimation und Bedeutung verloren hatte, oder auch wenn sie einfach nur wütend auf ihre Vorgesetzten waren. In Vietnam gab es über 200 registrierte »Fragging«-Vorfälle. Im Irak gibt es bislang nur einen solchen registrierten Fall, wo ein Soldat im Lager seine Offiziere mit drei Granaten angriff, das war in Pennsylvania, Kuwait, am 23. März 2003. Es kann sein, dass es noch weitere solche Fälle gab, von denen wir nichts wissen. Jedenfalls wird es mit Sicherheit weitere Vorfälle dieser Art geben, wenn das Pentagon fortfährt, einfachen Soldaten und Soldatinnen die Schuld für die Ereignisse in Abu Ghraib zuzuschreiben und der Widerstand größer wird in einem Krieg, den viele von ihnen mittlerweile als sinnlos betrachten.

Was Colin Powell und seine Generation von Junior-Offizieren aus der Vietnam-Ära vehement versucht haben zu verhindern – die nochmalige Zersetzung der Truppenmoral – passiert gerade. Sicherlich sind viele von ihnen scharf darauf, Bush, Cheney, Rumsfeld und Wolfowitz ins Fadenkreuz zu nehmen. Aber, und vielleicht gibt ihnen das ja ein wenig Trost, die von Bush kürzlich in einer Rede so bezeichnete »Mächtige US-Armee« wäre nicht die erste Eroberungslegion, die auf mesopotamischem Boden zugrunde geht.

Falludscha: Der Wendepunkt

Anfang April 2004 wurde Falludscha zum Wendepunkt im Irak-Krieg. Falludscha befindet sich eine Stunde westlich von Bagdad am Highway 1 und ist ein Urlaubsort mit 300.000 Einwohnern, an den Ufern des Euphrat gelegen. Entgegen der US-Militärpropaganda war Falludscha zu Saddam Husseins Zeiten nie eine Hochburg der Ba'ath Partei. Was die Bevölkerung gegen die US-Armee aufbrachte, war das wahllose Feuern von US-Soldaten auf eine größtenteils friedliche Demonstration gegen die Präsenz der US-Truppen am 29. April 2003 während des amerikanischen Vorstoßes auf Bagdad. Dieses Massaker brachte die Stadt so massiv gegen die Besatzer auf, dass im Verlaufe eines Jahres – mit der Erklärung, dass die Sicherheitsaufgaben nun an die irakische Polizei und Zivilverteidigung übergeben würden – »die US-Armee sich unter einem kontinuierlichen Trommelfeuer von Angriffen aus der Stadt zurückzog«, so ein Bericht der Financial Times.

Ende März 2004 wurden vier amerikanische »zivile« Söldner, angestellt von der Blackwater Security Company, die sie aus dem US-Militär herausrekrutiert hatte, von Widerstandskämpfern angegriffen und ihre Körper verstümmelt. Aufgrund einer Entscheidung, die wahrscheinlich als eine der unüberlegtesten der US-Besatzungsbehörden im Irak in die Geschichte eingehen wird, kreiste ein Aufgebot von 2.000 Soldaten des 1. Marine-Expeditionskorps am 4. April 2004 Falludscha ein, um die Iraker, die mit dem Vorfall zu tun gehabt hatten, zu finden und zu bestrafen. Brigadegeneral Mark Kimmit, stellvertretender Befehlshaber für die Operationen des US-Militärs im Irak, versprach »eine überwältigende Reaktion« und fügte hinzu: »Wir werden diese Stadt befrieden.«

Ein Slogan der Bewohner der Stadt während der Besatzungsmonate war, dass »Falludscha der Friedhof der Amerikaner« sei. Im April wurde dieser Spruch Realität, als ein Großteil der für diesen Monat gemeldeten 102 im Kampf gefallenen US-Soldaten bei den Kämpfen in und um die Stadt gestorben waren. Allerdings bewahrheitete sich der Slogan auch auf einer anderen Ebene: Falludscha war zum Friedhof der US-Politik im Irak geworden.

Die Schlacht um die Stadt war noch nicht beendet, als die US-Truppen am 9. April eine »einseitige Einstellung offensiver Operationen« verkündeten. Doch der irakische Widerstand hatte bereits psychologisch gewonnen. Irreguläre Kämpfer, ausgestattet mit nichts als Kampfgeist und Mut, schafften es, die Elite der amerikanischen Koloniallegionen – die Marines – in den Randbezirken Falludschas zum Stillstand zu bringen. Das US-Kommando war so frustriert, dass es, entsprechend seiner berüchtigten Affinität zur technologieintensiven Kriegsführung, den wahllosen Beschuss der Stadt anordnete. Etwa 600 Menschen, laut Augenzeugen hauptsächlich Frauen und Kinder, kamen ums Leben. Im arabischen Fernsehen sehr plastisch dargestellt, erzeugten diese Entwicklungen sowohl Inspiration als auch tiefe Wut, die sich sehr schnell in Unterstützung für den Widerstand verwandelten sollten. Nicht nur die Iraker, sondern auch die Alliierten der USA waren von diesem Gemetzel abgestoßen: Als er die Auswirkungen der massiven Feuerkraft auf Zivilisten sah, distanzierte sich General Sir Michael Jackson, Kommandeur des britischen Generalstabs, von dem Blutbad: »Wir müssen in der Lage sein, *mit* den Amerikanern zu kämpfen. Das bedeutet nicht, dass wir *wie* die Amerikaner kämpfen müssen«, stellte er klar. »Es ist eine Tatsache, dass der britische Nachkriegs-Ansatz ein anderer ist als der der USA.«

Die US-Streitkräfte steckten in einer Zwickmühle: Sie konnten sich an die Waffenruhe halten, was die Iraker als Eingeständnis interpretieren würden, dass die USA Falludscha nicht im Griff hatten, oder aber sie konnten – mit großen Verlusten bei der Zivilbevölkerung und bei sich selbst – angreifen und die Stadt einnehmen. Es gab keinen Zweifel, dass die schwer bewaffneten Marines die Stadt befrieden könnten, doch würden die Opfer einen Pyrrhussieg daraus machen.

Die Marines zogen die weniger verheerende Option vor und schlossen ein – von vielen argwöhnisch betrachtetes – Abkommen, das in der Schaffung einer neuen Kraft, der Falludscha-Verteidigungsarmee, resultierte, die die Stadt kontrollieren und für Sicherheit sorgen sollte.[1] Sie sollte aus bis zu 1.100 ehemaligen irakischen Soldaten bestehen, die von einem ehemaligen Divisionskommandanten Saddams befehligt wurden. Wie diese neue Einheit genau funktionieren sollte, war unklar, doch schon bald konnte man Mitglieder des Falludscha-Widerstands auf den Straßen patrouillieren sehen. Kein Zweifel, dass einige von ihnen an dem Angriff auf die Blackwater-Söldner beteiligt gewesen waren.

Was auch immer die konkreten Abkommen vor Ort sein mögen, wichtig ist, dass Falludscha als Niederlage der Amerikaner gesehen worden ist und dass der Effekt davon vermutlich ein Anschwellen der Reihen des sowieso schon sprießenden Widerstands um Tausende neuer Rekruten sein wird.

[1] Mittlerweile haben die USA Falludscha nach massiven Luftangriffen gestürmt und eingenommen. Zahlreiche Zivilisten kam dabei ums Leben. (Anm. d. Hrsg.)

Die Wurzeln des Widerstandes

In Wahrheit war das neokonservative Szenario einer schnellen Invasion, die Befriedung der Bevölkerung mit Schokolade und Bargeld, die Installierung einer Marionetten-»Demokratie«, die von Washingtons Protegés dominiert wird, der Rückzug in entfernte Armeebasen, die von den Aufständischen nicht erreicht werden können, während eine durch Amerikaner trainierte Armee und Polizei die Sicherheitsaufgaben in den Städten übernimmt, von vornherein zum Scheitern verurteilt.

Trotz der vielen Fraktionen im Land sind über alle Ethnien hinweg Nationalismus und Islam sehr stark im Irak. Die Bestätigung hierfür erhielt ich kurz vor dem Beginn der amerikanischen Bombardierungen durch zwei Ereignisse, als ich Irak mit einer parlamentarischen Delegation besuchte. Als wir in einem Seminar an der Bagdader Universität fragten, was die Studenten über die bevorstehende Invasion dachten, antwortete eine junge Frau sehr resolut, dass George Bush, wenn er sich die Geschichte ein wenig genauer angeschaut hätte, wissen würde, dass die Amerikaner dasselbe Schicksal erwartete wie die zahllosen anderen Armeen, die Mesopotamien in den letzten 4.000 Jahren überfallen und geplündert hätten. Als wir Bagdad verließen, war uns klar, dass die jungen Frauen und Männer, mit denen wir gesprochen hatten, sich einer ausländischen Besatzungsmacht nicht so leicht unterwerfen würden.

Zwei Tage später, als wir nur Stunden vor dem Beginn der amerikanischen Bombardierungen an die syrische Grenze kamen, begegneten wir einer Gruppe von Mudschaheddin, die in die entgegengesetzte Richtung fuhren. Sie strotzten vor Energie und Enthusiasmus, da sie bald gegen die Amerikaner kämpfen würden. Sie kamen aus Libyen, Tunesien, Algerien, Palästina und Syrien und bildeten nur die Vorhut der Scharen von islamischen Freiwilligen, die über die nächsten Monate ins Land strömen sollten, um an der in ihren Augen entscheidenden Schlacht gegen Amerika teilzunehmen.

Zu Beginn der Invasion sagten viele von uns voraus, dass die Amerikaner auf einen Widerstand in den Städten treffen würden, der in Bagdad und anderswo nur sehr schwer zu befrieden sein würde. Scott Ritter, der ehemalige UN-Waffeninspekteur, machte seine berühmt gewordene Bemerkung, dass die Amerikaner gezwungen sein würden, »Irak besiegt und mit eingezogenem Schwanz [zu verlassen]. Es ist ein Krieg, den wir nicht gewinnen können.«

Zunächst schien es so, als hätten wir falsch gelegen, da es bloß sehr wenig Widerstand von der Bevölkerung gab, als die Amerikaner nach Bagdad kamen. Doch später gaben uns die Ereignisse doch noch Recht. Unser Fehler lag darin, zu unterschätzen, wie viel Zeit es brauchen würde, bis sich die Bevölkerung von einer unorganisierten, unterwürfigen Masse unter Saddam in eine echte Kraft, angetrieben von Nationalismus und Islam, verwandeln würde. Bush und der US-Statthalter im Irak, Paul Bremer, redeten kontinuierlich über ihren Traum von einem »neuen Irak«. Ironischerweise wird nun das neue Post-Saddam-Irak in einem gemeinsamen Kampf gegen eine verhasste Besatzung geschmiedet.

Die Bush-Leute dachten, dass sie die Iraker in die Unterwerfung zwingen oder einkaufen könnten. Doch sie hatten die Rechnung ohne einen entscheidenden Faktor gemacht: Kampfgeist. Natürlich war Kampfgeist nicht alles, im folgenden Jahr allerdings entwickelten sich unkoordinierte Widerstandsakte zu einer Bewegung mit einem ausgeklügelten Repertoire, das – auf einer steilen Lernkurve – improvisierte Sprengsätze, Blitzüberfall-Taktiken, Verzögerungs-Feuergefechte und Attacken mit Boden-Raketen miteinander kombinierte.

Unglücklicherweise haben diese Taktiken strategisch geplante Autobomben und Entführungen beinhaltet, bei denen neben US- und Koalitionskombattanten sowie Söldnern auch Zivilisten getroffen wurden. Zudem, ebenfalls unglücklicherweise, haben die Anstrengungen des islamischen Widerstands, den Willen des Feindes zu untergraben, indem sie den Krieg auf sein heimisches Territorium trugen, Missionen hervorgebracht, die absichtlich auf Zivilisten abzielten, wie der Anschlag auf die Madrider U-Bahn, der Hunderte Unschuldige das Leben kostete. Solche Akte sind nicht zu rechtfertigen und zutiefst beklagenswert, doch denen, die nun vorschnell urteilen, muss man entgegenhalten, dass das wahllose Töten von Zehntausenden von Zivilisten durch die US-Armee allein im ersten Jahr der Besatzung und der absichtliche Beschuss von Zivilisten während der Belagerung von Falludscha auf derselben moralischen Ebene wie diese angesprochenen Methoden des irakischen und islamischen Widerstands angesiedelt sind.[2] Fakt ist, dass der »American Way of War« immer das Töten und Bestrafen der Zivilbevölkerung beinhaltet hat. Die Bombardierung Dresdens, die Brandbomben, die auf Tokio abgeworfen wurden, die Atombomben auf Hiroshima und Nagasaki, Operation Phoe-

[2] Mittlerweile wurden weit mehr als 100.000 Iraker getötet (Anm. d. Hrsg.).

nix in Vietnam – alle hatten das gleiche strategische Ziel: Kriege zu gewinnen durch die absichtliche Unterbeschussnahme von Zivilisten. Also erspare man uns bitte die Moralausdünstungen über die zivilisierte Art und Weise, in der die westlichen Länder ihre Kriege führen, und über die angebliche Barbarei des irakischen Widerstands.

Strategie der Verzweiflung

Trotz der Tatsache, dass ihnen die Kontrolle über die Situation entgleitet, lässt die Bush-Administration nicht locker und drückte einen so genannten Transfer der Souveränität an Leute durch, die mit dem US-kontrollierten »Übergangs-Regierungsrat« verbunden sind, der wenig öffentliche Legitimation genießt.

An wen wird die »Souveränität« übergeben werden? Woraus genau wird diese Souveränität bestehen? Woher wird die Legitimität der Regierung kommen? Die Vereinigten Staaten behalten sich das Recht vor, ihre Streitkräfte im Irak zu kontrollieren und dort auch auf unbestimmte Zeit zu belassen. Die Einschränkung, die Außenminister Powell einräumte, dass die USA sich zurückziehen würden, wenn die neue Regierung darum bitten würde, ist hinfällig, da dieses Regime niemals diejenige Militärmacht eliminieren würde, auf der ihre eigene Existenz beruht. Dies sind alles ungelöste Probleme, die dem Vorwurf der New York Times Substanz verleihen, dass »der einzige rote Faden in der Politik Washingtons die Verzweiflung ... zu sein scheint«. Die vom UN-Sicherheitsrat abgesegneten Regelungen für die Zeit nach dem 30. Juni 2004 machen diese von den USA aufgezwungene Lösung kein Stück akzeptabler für die Iraker oder den Rest der Welt.

Die loyale Opposition

Doch weder die Times noch die liberale Opposition zu Bush haben irgendwelche Antworten. Während sie Bush für eine unzulängliche Verwaltung der Besatzung angreift, ist die Times selbst dafür, den Vereinten Nationen die »wirkliche... Aufsicht über den Übergang der politischen Regelungen zu geben, mehr ausländische Truppenkontingente zu involvieren, die dazu beitragen, für Sicherheit zu sorgen, und die Zahl der US-

Truppen kurzfristig zu erhöhen.« Doch all diese Elemente waren in G.W. Bushs Plan bereits enthalten, einschließlich der Erschließung neuer Truppen aus dem Kontingent der US-Truppen in Südkorea.

Wenn man überhaupt sagen könnte, dass die Demokraten eine Strategie haben, dann ähnelt sie der Haarspalterei der Times, wenn der Kandidat der Demokraten, John Kerry, nicht substantielle Unterschiede gegenüber dem Bush-Plan, sondern die Verwaltung der Besatzung zum Hauptthema macht: Er könnte die Irak-Intervention viel besser organisieren als Bush. In seiner als entscheidend angepriesenen Rede zur nationalen Sicherheit am 27. Mai 2004 sagte Kerry, die NATO sollte gebeten werden, Truppen zur Verfügung zu stellen, die Ausbildung der irakischen Sicherheitskräfte sollte »internationalisiert« werden, und ein »internationaler Oberkommissar« sollte ernannt werden, um Wahlen zu organisieren, eine Verfassung zu entwerfen und den Wiederaufbau zu koordinieren.

All dies kommt auch in der Bush-Agenda vor, so wie auch Kerrys Forderung, das US-Militär um 40.000 Soldaten aufzustocken. Angesichts der Tatsache, dass Bush bereits Order gegeben hatte, das Militär bis Januar 2005 um 30.000 Soldaten zu vergrößern, bemerkte ein Sprecher der Bush-Kampagne: »John Kerry betritt ausgetretene Pfade.«

Bis auf Dennis Kucinich wagte es bei den Präsidentschafts-Vorwahlen keiner der Demokratischen Kandidaten, die fünf Wörter auszusprechen, die die einzig gangbare Lösung formulieren: »Sofortiger Rückzug der US Truppen.« Vor Falludscha und Abu Ghraib wurde angenommen, dass diese Position bei den Wahlen im November schaden würde. Doch laut dem Pew Research Center sagen mittlerweile[3] 44% der Amerikaner, dass die Truppen so bald wie möglich zurückkehren sollten, im September 2003 lag diese Zahl noch bei 32%. Ende Mai war die Furcht nicht mehr zu entschuldigen, als 52% der in einer Gallup-Umfrage vom Mai 2004 Befragten sagten, dass der Krieg es nicht wert sei, und nur 45% meinten, dass er es doch sei, verglichen mit 29% und 68% ein Jahr vorher.

Doch es geht hier nicht nur um Taktik: Dem liberalen Financial Times-Kolumnisten Gerard Baker zufolge »macht es keinen Unterschied, ob man glaubt, dass der Irak unter Saddam Hussein eine echte Bedrohung war oder nicht, denn es kann keiner leugnen, dass eine amerikanische Niederlage eine Bedrohung aus dem Irak machen würde.« Hier beißt sich natürlich die Katze in den Schwanz, doch es veranschaulicht recht

---

[3] Diese Zahl wurde im April 2004 ermittelt (Anm. d. Hrsg.).

deutlich, dass sowohl Liberale als auch Konservative sich innerhalb des imperialen amerikanischen Paradigmas bewegen. Während Liberale und Demokraten möglicherweise zu dem Schluss gekommen sind, dass die Invasion nicht gerechtfertigt war, wagen sie es dennoch nicht, einen einseitigen Abzug zu fordern, denn dies wäre ein in seinen Auswirkungen unberechenbarer Schlag gegen das amerikanisches Prestige und den amerikanischen Führungsanspruch. Mit anderen Worten, der »demonstrative Effekt« eines Amerikas, das mit eingezogenem Schwanz den Irak verlässt, wäre fatal für die Glaubwürdigkeit amerikanischer Macht in der Zukunft.

Im Morast ihres hochgradigen moralischen Versagens scheint es für das herrschende Regime in Washington und die loyale Opposition keinen einfachen Ausweg zu geben. Was sich anzubahnen scheint, ist eine fortdauernde Besatzung ohne glaubhafte politische oder militärische Begründungen, die jeglicher moralische Legitimität beraubt ist.

Paralyse der Friedensbewegung

Die Paralyse, die die Demokraten im Hinblick auf Irak erfasst hat, kann nur durch eines durchbrochen werden: Eine starke Anti-Kriegsbewegung, ähnlich wie die, die vor und nach der Tet-Offensive 1968 täglich und tausendfach Menschen auf die Straßen brachte. Bislang ist das noch nicht geschehen, obwohl mittlerweile eine Mehrheit der US-Bevölkerung von der US-Politik im Irak desillusioniert ist, besonders nach Abu Ghraib.

Fakt ist, dass die internationale Friedensbewegung Schwierigkeiten hat, in die Gänge zu kommen, und das zu einem Zeitpunkt, wo die Iraker sie am meisten bräuchten. Die Demonstrationen am 20. März 2004 waren erheblich kleiner als am 15. Februar 2003, als rund um die Welt Millionen von Menschen gegen die anstehende amerikanische Invasion des Irak auf die Straßen gingen. Den massenhaften internationalen Druck, der Politiker beeindruckt – eine Demonstration nach der anderen mit Hunderttausenden von Teilnehmern in einer Stadt nach der anderen – gibt es einfach nicht, jedenfalls noch nicht.

Dies alles zeigt, dass die dramatischen April-Ereignisse im Irak noch kein Äquivalent zu den Tet-Ereignissen in Vietnam 1968 geschaffen haben. Wenn überhaupt, dann höchstens eine »Kostümprobe« dafür. Die Opposition zum Krieg in den USA selbst muss erst auf eine kritische

Masse anwachsen. Ohne diese Herausforderung von unten an der »Heimatfront« wird die Bush-Administration einfach weiter Truppen in den Fleischwolf Irak schicken, ein unerreichbares militärischen Ziel verfolgend, was den Konflikt in einen langwierigen, zermürbenden Krieg verwandeln würde, bis die Zahl der Gefallenen schließlich die öffentliche Unterstützung in den USA für eine Politik beenden würde, die auf nichts zusteuert außer auf noch mehr Leichensäcke.

Die Begründung für das Fehlen einer starken Anti-Kriegsbewegung liegt in der Zögerlichkeit bei großen Teilen der internationalen Friedensbewegung – besonders in den USA –, den irakischen Widerstand zu legitimieren. Wer sind die? Können wir sie wirklich unterstützen? Diese Fragen werden mir und auch anderen Befürwortern eines bedingungslosen politischen und militärischen Rückzugs der USA aus dem Irak immer öfter gestellt. Die Anwendung von Selbstmord als politische Waffe stört nach wie vor viele US-Aktivisten, die abgeschreckt sind von Statements wie etwa von den palästinensischen Führern, die stolz feststellen, dass Selbstmordattentäter die F-16 der Unterdrückten seien. Auch die Rolle islamischer Fundamentalisten und die Möglichkeit, dass, aufgrund der großen schiitischen Bevölkerung, ein Post-US-Irak sich in einen Gottesstaat à la Iran verwandeln könnte, sind Gegenstand großer Besorgnis.

Es hat noch nie eine schöne Befreiungs- oder Unabhängigkeitsbewegung gegeben. Viele fortschrittliche Menschen im Westen waren ebenso abgeschreckt durch einige der Methoden der Mau-Mau-Bewegung in Kenia, der FLN in Algerien, der NLF in Vietnam. Was sie jedoch manchmal vergessen, ist, dass die nationalen Befreiungsbewegungen sie im Wesentlichen nicht um ideologische oder politische Unterstützung bitten. Was sie von außen wirklich wollen, ist internationaler Druck für den Rückzug einer illegitimen Besatzungsmacht, damit einheimische Kräfte überhaupt erst den Raum erhalten, in dem sie eine echte nationale Regierung schaffen können, entsprechend ihren eigenen Prozessen. Bevor sie nicht diesen Traum aufgeben, dass es eine ideale Befreiungsbewegung gibt, die ihren Werten und Diskursen entspricht, werden US-Aktivisten, genau wie die Demokraten, die sie so oft kritisieren, weiterhin in einem Paradigma gefangen bleiben, in welchem sie anderen Menschen ihre Bedingungen auferlegen.

Irak und das globale Kräfteverhältnis

Paradoxerweise hat der Anstieg des irakischen Widerstands zwar das Kräfteverhältnis innerhalb des Irak noch nicht grundlegend verändern können, doch er hat sicherlich sehr viel dazu beigetragen, dass das globale Kräfteverhältnis insgesamt verschoben wurde. Er hat einem militärisch überlasteten Washington die Lust genommen, weitere Regimewechsel-Projekte in Ländern wie Syrien, Nordkorea und Iran durchzuführen. Er hat Aufmerksamkeit und Ressourcen abgezogen, die Washington eigentlich für eine erfolgreiche Besatzung in Afghanistan bräuchte. Er hat die USA davon abgehalten, sich auf ihren Hinterhof zu konzentrieren, und somit ermöglicht, dass sich freihandels- und US-feindliche Regierungen in Lateinamerika konsolidieren konnten, so wie die von Néstor Kirchner in Argentinien, Luis Inacio da Silva in Brasilien und Hugo Chavez in Venezuela. Er hat die politische, militärische und kulturelle Kluft in der so genannten Atlantischen Allianz vergrößert, die während des Kalten Krieges und unmittelbar danach ein ausgezeichnetes Instrument globaler US-Hegemonie gewesen war. Ohne dieses Beispiel des aufsässigen Herausforderers, das der irakische Widerstand darstellt, hätten sich die Entwicklungsländer möglicherweise nicht stark genug gefühlt, die WTO-Ministerrunde in Cancún oder den US-Plan für eine gesamtamerikanische Freihandelszone im November in Miami platzen zu lassen.

Kurz gesagt: anti-hegemoniale Bewegungen auf der ganzen Welt haben dem irakischen Widerstand eine ganze Menge zu verdanken, dadurch dass dieser die Überausdehnungs-Krise des amerikanischen Imperiums noch verstärkt hat. Doch er trägt kein schönes Gesicht, und viele fortschrittliche Menschen in den USA und den westlichen Ländern zögern, ihn als einen Verbündeten zu sehen. Es ist wahrscheinlich eines der Haupthindernisse für das Aufkommen einer dauerhaften Friedensbewegung in den USA und weltweit, dass die organisatorischen Anstrengungen fortschrittlicher Aktivisten beschränkt werden durch ihre eigenen Bedenken bezüglich des irakischen Widerstands.

Die USA marschieren nach rechts – Der Rest der Welt in die entgegengesetzte Richtung

Immer noch besteht Betrugsverdacht besonders bei der Wahl in Ohio, aber die Mehrheit in den Vereinigten Staaten, einschließlich der demokratischen Partei, hat den Sieg George W. Bushs über John Kerry anerkannt.

Die schlimme Wahrheit ist in der Tat, dass der Sieg der Republikaner, wenn auch nicht überwältigend, so doch deutlich war. Mit Ronald Reagan hatte 1980 eine neue Phase politischer Umwälzung in den USA begonnen; die Wahl im Jahre 2004 bestätigte, dass der Schwerpunkt der US-Politik nicht in der rechten Mitte, sondern bei der *extremen Rechten* liegt. Bis heute gilt unverändert, dass das Land in zwei fast gleich große – verbitterte – Teile geteilt ist. Die republikanische Rechte hat für ihre Basis eine simple Strategie entworfen und verwirklicht: Auf allen Ebenen die Macht zu ergreifen, dort, wo gewählt wird, und ebenso in der Zivilgesellschaft und in den Medien. Während die Liberalen und Progressiven gestolpert sind, hat die radikale Rechte die verschiedenen Teile ihrer Basis unter einer äußerst einfachen Vision vereint: den Süden und den Südwesten, die Mehrheit der weißen Männer, die oberen und mittleren Klassen, die von der liberalen Wirtschaftsrevolution profitierten, die amerikanischen Firmen und den christlichen Fundamentalismus.

Diese Sichtweise ist im Wesentlichen unterschwellig; es ist ein Bild eines von innen geschwächten Landes, einer Allianz aus Liberalen, die für eine aufgeblasene Zentralregierung eintreten, aus promiskuitiven Schwulen und Lesben und aus illegalen Immigranten; eines Landes, das von hasserfüllten Horden der Dritten Welt und verweichlichten Europäern umlagert ist, die neidisch sind auf Amerikas Wohlstand und seine Macht.

Zwei Amerikas

Es gibt tatsächlich zwei Amerikas, aber das eine ist verwirrt und desorganisiert, während das andere von Zuversicht und Arroganz überschäumt, verliehen durch überlegene Strategie und Organisation. Der radikalen Rechten ist es gelungen, mit ihrer Vision von der Rückkehr zu einer imaginären Gesellschaft – zu einem ursprünglichen weißen christlichen Kleinstadt-Amerika der 1950er Jahre –, etwas zu aufzubauen, was der italienische Denker Antonio Gramsci einen *»hegemonialen Block«* nannte. Und dieser Block schickt sich an, in den nächsten 25 Jahren zu herrschen.

Die Zukunft von Demokratie, wirtschaftlichen Rechten, individuellen Rechten und Rechten von Minoritäten in den USA scheint düster auszusehen. Vielleicht bedurfte es dieses zweiten Therapieschocks – der erste war der Sieg Reagans –, damit das progressive Amerika endlich aufwacht und das tut, was nötig ist, um eine Wende herbeizuführen: einen allumfassenden Kampf um ideologische und organisatorische Hegemonie zu führen, in dem es keine Gnade erwarten kann, keine gewähren darf und sich keinen Fehler mehr erlauben darf.

Imperiales Dilemma

Obwohl Amerika nach rechts marschiert, vermag es nicht, den Rest der Welt mitzuziehen. Tatsächlich bewegt sich der Rest der Welt in die entgegengesetzte Richtung. Nichts verdeutlicht das besser als die Tatsache, dass in derselben Woche, in der Bush wieder gewählt wurde, in Uruguay eine Koalition von linken Parteien zur Macht kam. Hugo Chavez, Washingtons Nemesis in Lateinamerika, gewann die Wahlen in Venezuela, und Ungarn kündigte den Rückzug von 300 Soldaten aus dem Irak an. Obwohl die amerikanische Rechte ihre Position im Land ausbaut, *kann sie den Verfall globaler US-Herrschaft nicht aufhalten.*

Der Hauptgrund für das, was wir krisenhafte *Überdehnung* oder die Kluft von Zielen und Mitteln dank imperialer Ambitionen genannt haben, liegt in der massiven Fehleinschätzung der *Irak-Invasion.* Diese Krise wird sich in Bushs zweiter Amtsperiode fortsetzen, wenn nicht verschärfen. Das imperiale Dilemma wird in folgenden Punkten überdeutlich:

Trotz der von den USA unterstützten Wahlen in *Afghanistan* beherrscht die Kazai-Regierung nur Teile von Kabul und von zwei oder drei anderen Städten. UN-Generalsekretär Kofi Annan sagte: Trotz der Wahlen »werden ohne funktionierende Institutionen, die fähig sind, die Grundbedürfnisse der Bevölkerung im ganzen Land zu befriedigen, Autorität und Legitimität der neuen Regierung nur von kurzer Dauer sein.« Und solange dies der Fall ist, wird Afghanistan 13.500 Soldaten im Land und 35.000 unterstützendes Personal außerhalb binden.

Der US-Krieg gegen den *Terror* war ein Schuss nach hinten, da Al Qaida und seine Alliierten heute viel stärker sind als 2001. In dieser Beziehung sagte Osama bin Ladens Video vor der US-Wahl mehr als tausend Worte. Die Invasion des Irak hat, wie Richard Clarke, Bushs früherer Anti-Terror-Zar, behauptet, den Antiterrorkrieg aus den Gleisen geworfen und für Al Qaida die beste Rekrutierungswerbung geliefert.

Aber selbst ohne den Irak haben schon die heftigen Polizei- und Militärmethoden im Umgang mit dem Terrorismus Millionen von Muslimen den USA entfremdet. Nichts zeigt dies besser als Südthailand, wo die Antiterror-Ratschläge der USA dazu beigetragen haben, dass Unzufriedenheit in einen Aufstand umgeschlagen ist.

Mit der vollen Unterstützung von Ariel Sharons aussichtsloser Strategie, die Entstehung eines Palästinenserstaates zu sabotieren, hat Washington alles politische Kapital verspielt, das es unter den Arabern mit der Vermittlung des jetzt gescheiterten Oslo-Vertrages gewonnen hatte. Ferner hat die Pro-Sharon-Strategie zusammen mit der Besetzung des Irak die Alliierten Washingtons in den arabischen Eliten exponiert, diskreditiert und verletzlich gemacht.

Die atlantische Allianz ist tot, und in der kommenden Periode werden Handelskonflikte gemeinsam mit politischen Differenzen die USA und *Europa* weiter auseinander treiben. Europa besitzt für die Nachhaltigkeit des amerikanischen Imperiums eine Schlüsselposition. Wie der neo-konservative Autor Robert Kagan bemerkt: »Amerika wird die Legitimation brauchen, die Europa bieten kann, aber Europa kann sie durchaus verweigern.«

Lateinamerikas Bewegung nach links wird sich beschleunigen. Der Sieg der linken Koalition in Uruguay ist der letzte in einer Serie von Wahlsiegen progressiver Kräfte im Anschluss an Venezuela, Ecuador, Argentinien und Brasilien. Neben diesen Wahlergebnissen der Linken sind auch Massenaufstände möglich, wie der in *Bolivien* im Oktober 2003. Einer der Freunde der USA, der frühere mexikanische Außenminister Jorge Castaneda, sprach von der Wende zur Linken und weg vom Imperium.

Er bewertete die Situation korrekt: »Die Freunde Amerikas ... spüren die Glut antiamerikanischen Zorns. Sie fühlen sich gezwungen, ihre Rhetorik und ihre Haltung zu ändern, um die Verteidigung ihrer Politik, die als proamerikanisch oder US-hörig gesehen wird, zu dämpfen und um ihren Widerstand gegen Washingtons Forderungen und Wünsche zu stärken.«

Irak: Feuerprobe für den globalen Widerstand

Irak ist natürlich der Hauptgrund für den Verfall des Imperiums. Der irakische Widerstand hat nicht nur die koloniale Übernahme des Landes durch die USA verhindert. Er hat – das ist ebenso wichtig – weltweit eine neue Generation von Antiimperialisten hervorgebracht, für die Vietnam längst Vergangenheit ist, und ihr gezeigt, dass es möglich ist, ein Imperium matt zu setzen und womöglich zu besiegen.

Allerdings ist es unwahrscheinlich, dass die Bush-Regierung die Zeichen an der Wand so bald zur Kenntnis nimmt. Sie wird die Stadt *Falludscha* stürmen in der verzweifelten Illusion, dass dies das Operationszentrum des Aufstandes zerstört. Falludscha ist aber kein Operationszentrum. sondern ein symbolisches Zentrum, das seine Rolle schon gespielt hat, und sein »Fall« wird die Verbreitung und Vertiefung der dezentralisierten Widerstandsbewegung im ganzen Irak nicht aufhalten. Die Aufständischen in Falludscha werden sich nach einem Kampf vermutlich zurückziehen und wie in Samara die konventionelle Verteidigung der Stadt durch Guerillatätigkeit ersetzen, die die US-Armee und ihre irakischen Söldner piesackt und festnagelt.

Da 55 Städte und Orte bereits zu für US-Truppen unzugänglichen Zonen erklärt sind, wird die Bush-Regierung bald erkennen, dass es unmöglich ist, die Masse der städtischen Zentren zu erobern und zu besetzen. Ende 2004 sind etwa 130.000 US-Soldaten im Irak. Nur um die Guerilla zum Stillstand zu bringen, bräuchte man mindestens 500.000 Soldaten, gemessen am derzeitgen Widerstand im Irak. Das ist aber nicht möglich, es sei denn Bush führt die Wehrpflicht wieder ein, und das würde eine Unruhe erzeugen, die die derzeitige republikanische Herrschaft bedrohen würde.

Washingtons Alternative ist die Errichtung von Festungen, hinter die man sich zurückzieht und von denen aus man periodisch Ausfälle startet, um Flagge zu zeigen. Obwohl das de facto eine Niederlage für die USA bedeutet, heißt es doch auch, dass die irakischen Widerstandskräfte nicht die de jure Kontrolle über das Territorium haben, um sich für souverän zu erklären und einen echten nationalen Regierungsbildungsprozess zu beginnen.

Herausforderung für die Bewegung

Eine der hervorragenden Prioritäten der globalen Antikriegsbewegung ist weiterhin die Unterstützung des Kampfes des irakischen Volkes für einen souveränen Raum und für eine nationale Regierung der eigenen Wahl. *Eine zweite* ist die Beendigung der israelischen Besetzung Palästinas und der Missachtung der Rechte des palästinensischen Volkes.

Zunächst jedoch muss die Bewegung über Spontaneität hinauswachsen und zu einer neuen Ebene grenzüberschreitender Koordination gelangen. Sie muss weiter gehen als bis zu jährlichen Protesttagen. Die *kritische Masse,* die das Ergebnis des Krieges beeinflusst, wird nur mit einer Flutwelle des globalen Protests erreicht, ähnlich der, die die Mobilisierung gegen den Vietnamkrieg 1968 bis 1972 kennzeichnete – einer Welle, die Millionen von Menschen in einen dauernden Zustand des Aktivismus versetzt hat. Koordination wird darüber hinaus heißen, nicht nur Massendemonstrationen zu koordinieren, sondern auch *zivilen Ungehorsam,* Bearbeitung der globalen Medien, tägliches Lobbying von Verantwortlichen und politische Bildung. Effektivere Koordination und – ja – *Professionalisierung der Antikriegsarbeit* darf allerdings nicht auf Kosten der partizipatorischen Prozesse erreicht werden, die unsere Bewegung kennzeichnet.

Als nächste taktische Mittel sollten neue Formen des Protestes praktiziert werden. Sanktionen und Boykotte sind Methoden, die ins Spiel zu bringen sind. Auf dem Weltsozialforum in Mumbai im Januar 2004 schlug Arundhati Roy vor, mit zwei US-Firmen, die direkt vom Krieg profitieren, wie Halliburton und Bechtel, zu beginnen, um weltweit die Schließung ihrer Filialen zu erreichen. Es ist an der Zeit, ihre Vorschläge ernst zu nehmen, nicht nur bezüglich US-amerikanischer Firmen, sondern auch bezüglich israelischer Firmen und Produkte. Darüber hinaus muss der Grad der Militanz erhöht werden, durch Ermutigung zu immer mehr zivilem Ungehorsam und gewaltfreier Störung des »business as usual«. Wir müssen Washington und seinen Verbündeten deutlich machen, dass es

»business as usual« nicht geben kann, solange der Krieg weiter geht. Die Debatte, die in Großbritannien geführt wird, ob friedliche Demonstrationen oder ziviler Ungehorsam zu betreiben sind, ist fruchtlos, da *beide* wesentlich sind und in innovativer und effektiver Weise zu kombinieren sind.

In den USA können Aktivisten auf die äußerst machtvolle Tradition des *Ungehorsams* gegenüber ungerechten Gesetzen zurückgreifen, die Menschen bewegten wie die Abolitionisten, Henry David Thoreau, die Quäker und die Berrigan Brothers. Tatsächlich könnte diese Art des Widerstandes der Schlüssel sein, um nicht nur den imperialen Schwung zu bremsen, sondern auch den Drang, politische Freiheiten und die Demokratie einzuschränken. Die Option der Wahl ist jetzt vorbei. Mehr denn je gilt es, dem imperialen Gesetz gewaltlos zu widerstehen – unter Berufung auf ein höheres Gesetz.

Zum *Dritten* ist klar, dass Großbritannien und Italien (speziell Großbritannien) die Hauptstützen von Bushs Kriegspolitik außerhalb der USA sind. Bush beruft sich andauernd auf diese Regierungen, um das US-Abenteuer zu legitimieren. Was in Italien passiert, beeinflusst das, was in Großbritannien passiert. Beide Länder haben eine solide Antikriegsmehrheit, die jetzt in eine machtvolle Kraft umgesetzt werden muss. Das »business as usual« in diesen von Komplizen-Regierungen beherrschten Ländern ist zu stören. Beide Länder haben eine lange Tradition von Generalstreiks, die, begleitet von massivem zivilen Ungehorsam, die Kosten der Regierungen für die Unterstützung Washingtons beträchtlich erhöhen könnte. Wenn man fragt, warum die Demonstrationen vom 20. März 2004 weniger Menschen anzogen als die vom Februar 2003, antworten viele Aktivisten in Großbritannien und Italien: Weil die Menschen das Gefühl hatten, ihre Aktionen könnten die USA sowieso nicht von ihrem Krieg abhalten. Dieser Art von Defätismus und mangelnder Moral lässt sich nicht dadurch begegnen, dass man die Forderungen an die Leute abschwächt, sondern nur dadurch, dass man sie steigert. Man muss sie auffordern, ihren Körper in Aktionen zivilen Ungehorsams einzusetzen.

Zum *Vierten.* Da der *Nahe Osten das strategische Schlachtfeld der nächsten Jahrzehnte* ist, wird es wesentlich, Verbindungen zwischen der globalen *Friedensbewegung* und der *arabischen Welt* zu knüpfen. Die Regierungen des Nahen Ostens verhalten sich den USA gegenüber bekanntlich unterwürfig. Wie in Europa müssen unsere Anstrengungen hauptsächlich auf Solidaritätsverbindungen zwischen Bürgerbewegungen konzentriert werden. Das wird allerdings einen mutigen und kontroversen Schritt bedeuten, da die stärksten Anti-US-Bewegungen im Nahen Osten von den USA und einigen europäischen Regierungen als »Terroristen« oder »Sympathisanten der Terroristen« gebrandmarkt sind. *US-Begriffsbildungen* dürfen die Menschen nicht daran hindern, nach einer Basis für gemeinsames Vorgehen zu suchen. Ähnlich entscheidend ist es für die palästinensische Bewegung und die israelische antizionistische und Friedensbewegung, *über die Etikettierung durch ihre Regierungen hinaus zu wachsen* und Wege der Kooperation zu finden, um die israelische Besatzung zu beenden. Es muss ein Weg gefunden werden, Menschen aus scheinbar unversöhnlichen Positionen zusammenzubringen. In dieser Beziehung war die Beiruter Antikriegsversammlung, die Mitte September 2004 unter starker Beteiligung der globalen Friedensbewegung und sozialer Bewegungen aus der gesamten arabischen Welt stattfand, ein bedeutender Schritt.

Zu Beginn der zweiten Amtszeit bleibt Bushs Agenda unverändert: *Weltherrschaft.* Unsere Antwort ist die gleiche: *weltweiter Widerstand.* Nur eines kann die dunklen Pläne des Imperiums im Irak, in Palästina und sonstwo vereiteln: militante Solidarität unter den Völkern der Welt. Diese Solidarität wirklich, machtvoll und siegreich werden zu lassen, das ist die vor uns liegende Herausforderung.

Textnachweise und ÜbersetzerInnen

Viele Texte von Walden Bello entwickeln grundsätzliche Gedanken und wenden sie auf teilweise sehr aktuelle Fragestellungen an. Deshalb haben wir als Herausgeber im Einverständnis mit dem Autor einige Texte zeitloser gestaltet und Formulierungen, die z.B. auf inzwischen vergangene Ministerrunden etc. Bezug nehmen, so verändert, dass der zentrale Gedanke nicht durch heute unverständliche Zeitbezüge verzerrt wird.

Die Marginalisierung des Südens und *Die Alternative: De-Globalisierung:* Kapitel 2 und 7 des Buches von Walden Bello »Deglobalisation – Ideas for a new world economy, London 2002 (Zed Books); Übersetzung: David Paenson, Korrektur: Ina Goertz.
Wie kann das globale Finanzkapital reguliert werden?: Gemeinsam von Walden Bello, Nicola Bullard, Kamal Malhotra und Marco Mezzera verfasstes Kapitel 1 des von Bello, Bullard und Malhotra herausgegebenen Bandes »Global Finance. New Thinking on Regulating Speculative Capital Markets«, London 2000 (Zed Books); Übersetzung: Bernt Lampe, Anette Sudek und Herbert Kaser.
Die Oxfam-Kontroverse: Auszüge aus Essays, die im April 2002 im Newsletter von Focus on the Global South (www.focusweb.org) erschienen sind; Übersetzung: Peter Strotmann.
Die Krise des Globalisierungsprojekts: Auszüge aus folgenden Essays »The Global Conjuncture« (8/02), »The Crisis of the Globalist Project & the New Economics of George W. Bush« (7/03); Übersetzung: Jan-Peter Herrmann.
Probleme des imperialen Managements: Auszüge aus folgenden Essays »How Iraq has worsened Washington's Strategic Dilemma« (4/04), »Pax Romana and Pax Americana: Contrasting Strategies of Imperial Management« (4/03); Übersetzung: Jan-Peter Herrmann.
Das American Empire und seine mesopotamische Misere: Auszüge aus folgenden Essays »Empire and Resistance today« (6/04), »With the US Army on Trial, can ›Fragging‹ be far behind?« (5/04), »Falluja and the Forging of the New Iraq« (4/04); Übersetzung: Jan-Peter Herrmann.
Die USA marschieren nach rechts...: »The Bush Victory, Fallujah, and the Republican Right's Challenge to the Global Peace Movement« (11/04); Übersetzung: Bernt Lampe/Thomas Steinberg.